科學天地 210　World of Science

觀念物理 3

物質三態‧熱學

CONCEPTUAL PHYSICS
THE HIGH SCHOOL PHYSICS PROGRAM

by Paul G. Hewitt

休伊特 著　師明睿 譯

休伊特（Paul G. Hewitt）

高中時夢想當個拳擊手，畢業後開始學漫畫，後來從事畫戶外廣告招牌的工作。

27歲才決定回到學校，在麻州羅爾技術學院就讀物理系，是班上年紀最大的學生。

1964年，取得猶他州立大學科學教育與物理雙主修的碩士學位，

便到舊金山城市學院開始教學生涯，直到1999年退休。

1982年，休伊特獲得美國物理教師學會頒發的密立根講座獎。

獲獎原因是由於他在物理教學專業上的投入，發展出許多有趣而令人激賞的教學示範，

以及闡釋觀念的方式，讓很多原本不可能喜愛物理的學生，對物理產生興趣。

休伊特認為：教學不僅僅是工作，也不僅僅是專業，而是一種對待生命與生活的態度；

因此對於當老師的人來說，盡力把教學工作做好，是非常重要的一件事。

因為，不論學生有多大的熱情，老師都有能力把它澆熄；

但老師同樣也有能力去激發學生，讓他們發揮出最大的潛能。

休伊特相信：學物理應該是很有趣的，雖然也許要相當用功，但一定是有趣的事。

《觀念物理》這套書正是他這個信仰底下的產物之一。

譯者簡介

師明睿

新竹中學及台灣大學化學系畢業，赴美進修後，獲得普度大學生物化學博士學位。

畢業後去加拿大定居，曾擔任賽門佛瑞哲大學（Simon Fraser University）生物系講師。

隨後棄筆務農，致力於推廣洋菇產業。

1992年回國後，先後在衛生署預防醫學研究所、

中研院生醫所及生農所籌備處、疾病管制局從事研究。

暇時嘗從事自由翻譯工作。譯作有《觀念物理3》、《費曼物理學訣竅》、

《費曼的6堂Easy物理課》、《費曼的6堂Easy相對論》、《夸克仙蹤》、

《微積分之屠龍寶刀》、《微積分之倚天寶劍》、《看漫畫，學遺傳》、

《費曼的主張》、《萬物簡史I～IV》、《有機化學天堂祕笈》等（皆為天下文化出版）。

觀念物理 3

物質三態・熱學——目錄

第二部

物質的性質

Conceptual Physics - The High School Program

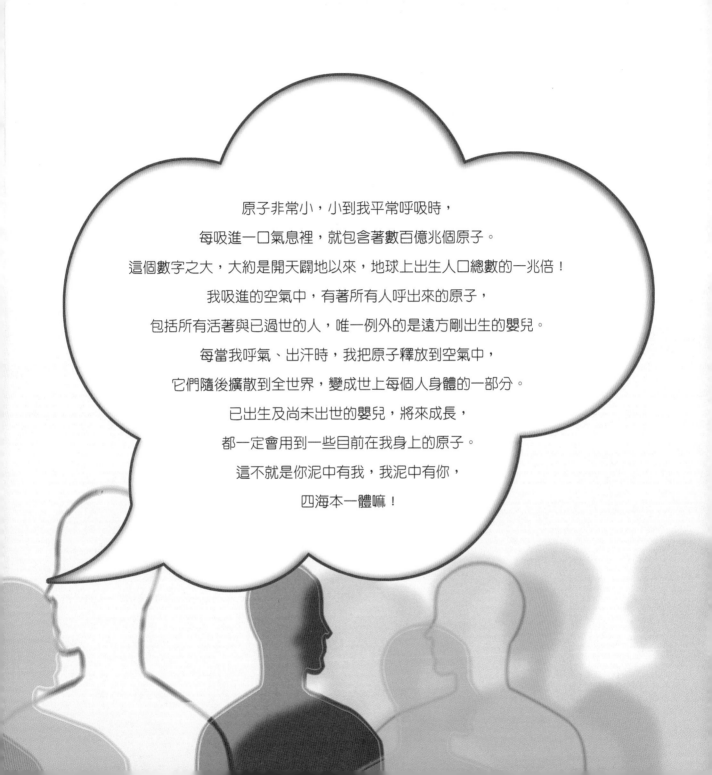

原子非常小，小到我平常呼吸時，

每吸進一口氣息裡，就包含著數百億兆個原子。

這個數字之大，大約是開天闢地以來，地球上出生人口總數的一兆倍！

我吸進的空氣中，有著所有人呼出來的原子，

包括所有活著與已過世的人，唯一例外的是遠方剛出生的嬰兒。

每當我呼氣、出汗時，我把原子釋放到空氣中，

它們隨後擴散到全世界，變成世上每個人身體的一部分。

已出生及尚未出世的嬰兒，將來成長，

都一定會用到一些目前在我身上的原子。

這不就是你泥中有我，我泥中有你，

四海本一體嘛！

第 17 章

物質的原子本質

讓我們假想，你拿了把大槌頭去敲開一塊巨
石，先敲成一些較小的石塊，然後把小石塊
敲碎成小石頭，再把這些石頭敲成碎石、碎
石敲成沙粒，最後你把這些沙粒敲成細粉狀的微小晶粒。這每一粒
小晶粒都是由為數達數十億，稱為「原子」的更小粒子組成。大多
數物質都是以原子為基本單位，組合堆砌而成。在你周遭，凡是你
所能看見、能聽到、觸摸得到、嚐到、感覺得到、或嗅聞到的一切
東西，全是由原子構成。鞋子、船舶、老鼠、以及我們自己，都是
例子。

原子這個字源自希臘文，原意為「不可分」。但事實上，原子並

不是不可分的東西，在粒子加速器中、或是在太陽的中心部位等極
端狀況下，原子會被進一步打破，分成更小的「次原子」粒子。

17.1　元素

　　電視機螢光幕上，僅僅用三原色的小光點以個別不同的組合，
便幾乎能夠呈現出任何色彩。同樣地，世界上我們所知道的一切物
品，是僅僅由一百來種、彼此互異的原子組合而成的。原子為物質
的組成基本單位，但原子並非都是一個樣子；而由同樣原子組成的
物質，就叫「元素」。

　　到目前為止，已知的元素超過了110種，其中有90種原本就存
在於自然界中，其他的則是人們在實驗室內，用高能原子加速器與
核反應器製造出來的。這些實驗室裡做出的元素，由於太不穩定、
放射性太強，幾乎完全不能存在於自然環境中。

　　以不到一百種元素的基本材料，借助不同的原子組合，便造就
出了我們這個花花世界中簡單的、複雜的、有生命的、或是無生命
的各種物體。不過地球上的物質，其中超過99%是僅由一打左右的
元素組合而成，因為其他的大多數元素，都相當罕見。另外以用量
多寡而言，生物是由五種主要元素組成，它們是氧（O）、碳（C）、
氫（H）、氮（N）及鈣（Ca）；括弧內的英文字母，是這些元素的
符號。表17.1列出了地球上最常見的十六種元素，而這些元素中大
多對生命的維持極其重要，並非只限於前述那五種含量最多的元素
而已。

　　元素中最輕的一種是氫。氫也是宇宙中含量最多的元素，在我

表17.1 地球上最常見的十六種元素（排列按筆劃順序，與量無關）			
矽（Si）	氟（F）	氧（O）	氫（H）
硫（S）	氮（N）	氯（Cl）	鈣（Ca）
鈉（Na）	鈦（Ti）	鉀（K）	碳（C）
鋁（Al）	磷（P）	鎂（Mg）	鐵（Fe）

們知道的宇宙範圍內，超過總數90%的原子都是氫。第二輕的元素是氦，雖然它在地球上相當稀少，卻占了宇宙間除氫以外剩下10%原子數目的大部分。其他質量上較氫氦爲重、普存於我們周遭、且自然存在的原子，是由恆星內部高熱、高壓的熔爐進行氫核融合反應所製造出來的。至於質量最重的一些元素，則是經過了超大恆星的塌縮跟爆炸，所謂超新星的過程才形成的。幾乎所有地球上的元素，都是遠在太陽系尙未誕生以前，恆星爆炸後遺留下來的殘骸。

圖17.1▶
你和圖中這位名叫萊絲麗的女郎，都是星塵打造而成的。這話意思是指，構成你們身體的碳、氧、氮與其他種種原子，都來自遠古恆星的內部深處；而那些恆星本身，都早已灰飛煙滅。

17.2　原子可回收再利用

　　原子比起由它們所組成的物質，要老得太多了。有些原子幾乎就跟宇宙本身一樣古老，構成我們這個世界的大部分原子，至少跟太陽與地球有相同的年齡。

　　你身體內的原子，在太陽系還未形成之前，就早已存在。它們在無數種形式之間，回收再用、轉換輪迴，有時帶有生命，有時候沒有。以呼吸為例，你吸入的原子，僅部分隨著呼氣排出，留下的則被身體吸收，成為身體的一部分，但它們多半不會長久待在身體裡邊，遲早又會離開，然後變成世上其他東西的一部分。

　　嚴格說來，你並不「擁有」你身體上的組成原子，你僅僅是它們目前這段時間的保管人，以後還會有許多其他保管者來接替你，照顧現在屬於你身體部分的原子。換言之，我們大伙兒共用同一個原子庫存，原子則在我們每個人身體內外到處跑來跑去。因此，今天在你所掏的耳朵裡面有些原子，可能昨天還遊走在你一位鄰居的鼻息裡哩！

　　大多數人都知道，人都是由同樣種類的原子構成，但他們多半不了解，人還都是由同一批原子構成的，這批原子藉由呼吸跟汗液的蒸發，在不同人身上遷了過來、又移了過去。

❓ Question

世界人口每年都在增長，這是否意謂著地球的總質量每年也跟著在增加？

Ⓐ Answer

地球的總質量，的確是在不斷增加，每年大約達四萬噸左右。不過這只是地球與其他行星之間，所進行微塵交易的入超淨額。人口增長，完全不影響地球的總質量。構成我們身體的這批原子，在我們出生之前早就存在於斯，我們本自塵埃中來，將來也會回歸到塵埃中去。人身上細胞功能之一，無非是將一些既存物質改頭換面一番。在母親子宮裡漸漸成形長大的胎兒，必須間接仰賴母親吃下的食物供給所需的原子，而這些原子，都是在早已爆炸毀滅了的遠古星球內產生的。

17.3 原子可真小

一公克的水，體積雖不過一西西，裡面卻有 10^{23} 個原子（這個估計值似嫌粗略，比較正確的數字，應該是把亞佛加厥數 6.02×10^{23}，除以水的分子量 18.02，所得到的 3.34×10^{22}，剛好只有作者所說的三分之一）。別小看了 10^{23} 這個數字，我們若把全世界所有湖泊和河流裡的水，分散成一個個小水滴，這些水滴的總數目還沒有它大，可見此數字之大，也可想見單一原子的體積是多麼小。另外一個比喻的說法是，拿整個地球的空氣總量，除以你呼吸一口氣的量而得到的數目，跟你平均肺活量的空氣中所含的原子數目不相上下。

原子隨時都在運動，也因此到處遷移。在固體物質內，這種遷移的速度非常緩慢，在液體內則快得多，更快的當然是發生在氣體狀態下。把數滴食用色素加進一杯水中，不消一會兒功夫，色素便會平均散布到整杯水裡。同理，若有人把一杯有毒的物質扔進大

物理 DIY

原子的遷徙

把幾滴食用色素、墨汁、或其他任何有色水溶液，慢慢滴入一個裝有水的小容器內，然後仔細觀察顏色的動向。在頗短時間內，顏色會在水中稀釋，並擴散到容器內所有角落去。有色水滴中的原子或分子，如同另外的水分子，都一直不停地運動，它們運動的速度愈快，則擴散的速度也愈快。換用熱水重複此同一實驗，看看色素擴散的速度，是否與之前有所不同？

海，經過一段時間後，全世界海洋的任何一個角落，都會出現這個毒物的蹤跡。把物質釋放到大氣中，也同樣會帶來擴散的後果。

你呼出的一口氣息要均勻地混入整個地球大氣中，大約需要六年時間。六年一過，世界上每個人吸入的每一口氣息裡，平均有一個原子，是來自六年前你呼出的那一口氣息。這不是單一事件，你呼出的每一口氣都不例外。當你考慮到一個人的一生得呼出上千萬次的氣息，因此在過去、現在、或將來的任何一刻，你的肺中一直有為數甚多的一大群原子，曾在另外每一個的人肺中待過。說全人類呼吸與共、息息相連，事實上一點也不誇張。

原子小得連看都看不見，至少在可見光範圍內是如此。你可以把幾部顯微鏡串聯起來，仍然「看」不到原子。原因是光由波組成，而原子的尺寸比可見光的波長小。在放大極限下，任何粒子要能夠被看見，它的尺寸必須比用來看它的光波長大才行。（《觀念物理》第 5 冊第 31 章在這方面，將有進一步的探討。）

▲圖17.2
平常呼出的一口氣中所包含的原子數目，與整個地球大氣體積除以一口氣的體積而得到的數目差不多。

? Question

你的腦子裡是否有一些原子，曾經一度存在愛因斯坦的腦子裡？

17.4 原子的證據

　　最早比較能直接證明原子存在的證據，是 1827 年被人在無意中發現的。有位名叫布朗（Robert Brown, 1773-1858）的蘇格蘭植物學家，用顯微鏡觀察花粉顆粒，他注意到花粉似乎都處於不安定狀態，不停地在搖晃擺動。起先他還以為那些花粉顆粒是某種會動的生物，後來他發現，完全沒有生機的塵埃顆粒與煙灰粒子，也展現同樣的擺動動作。這種被稱為「布朗運動」的持續晃動，僅僅發生在那些大小勉強可以看得見的小顆粒上。我們現在知道，布朗運動是由於顆粒鄰近的原子及分子的運動，對顆粒衝撞造成的。

　　如今我們擁有更多的直接證據，來證明原子的存在。例如，我們可以利用電子束替代可見光，來「看見」原子。所謂電子束，大

Ⓐ Answer

不錯。另外我腦子裡還有一些原子，曾經一度屬於諧星卓別林哩！不過，顯然這些原子的組合方式跟以往有些不同，難怪效能上稍有差別。下回碰到心情不好，覺得年華老大、壯志難酬，不妨想想此刻此身上的原子，將來會散播到整個地球上，成為未來每一個偉人身上的一部分，目前的區區挫折，算得了什麼？！

家司空見慣的一個例子，就在電視機螢光幕上掃描出畫面的那玩意
兒。電子束固然是由細小粒子（電子）構成的，它也具有波的性
質，而高能量電子束的波長，不到可見光波長的千分之一，有了這
種超短波長的「光束」，原子面貌便無所遁形了。1970 年，芝加哥大
學費米研究所的研究人員，便利用掃描式電子顯微鏡，拍攝到世界
上第一張可分辨出原子的清晰相片。

　　到了 1980 年代中期，研究人員發展出來一種更新式的顯微鏡，
叫做掃描穿隧式顯微鏡，尺寸小到能夠捧在手裡。圖 17.3 裡，你可
以看到各個單一原子。目前還有一些更新穎的影像處理設施，可以
獲致更完美的細節，這些新的方法，正為顯微鏡的技術帶來革命性
的突破。

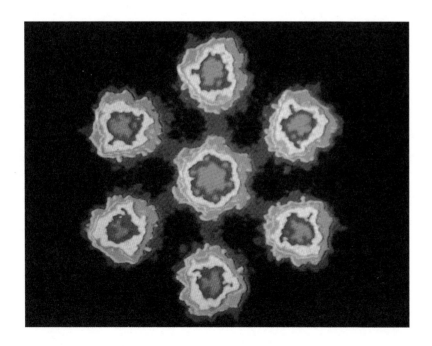

◀圖 17.3
用掃描穿隧式顯微鏡拍到的鈾原
子相片。

17.5　分子

　　原子能夠互相結合起來，形成我們稱為「分子」的較大粒子。例如，兩個氫（H）原子跟一個氧（O）原子，結合形成一個水分子（H_2O），而地球大氣中含量最多的氮氣與氧氣，都是由兩個自家原子結合起來的簡單分子（N_2與O_2）。與此對比之下，生命的藍圖，亦即去氧核糖核酸（DNA）的雙螺旋分子，則是由數百萬個原子組織結合形成。

　　通常在室溫下，以氣態或液態存在的物質，也都是由分子構成。由分子構成的物質裡面，可能所含全屬同一種分子，也可能是一些不同分子的混合物。純化過的水裡面幾乎完全是H_2O分子；而清淨的空氣，則是包含著好幾種不同分子的混合物。

圖 17.4 ▶

O_2、NH_3及CH_4等簡單分子的模型。結合成分子的原子們，並非胡亂地混在一起，而是有規律、有層次地互相鍵結。

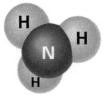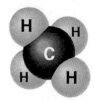

　　不是所有物質都是由分子構成，如各種金屬與晶體性質的礦物（後者包括我們吃的食鹽），就是直接由原子構成的，其間不同原子並未先結合成分子。

　　個別的分子跟原子一樣，也大多無法藉由光學顯微鏡看到。DNA分子是一個例外，我們在光學顯微鏡下即可看到這種巨大的分子。更戲劇化的另一個例外是，鑽石中碳原子相互鍵結在一起，頗符合分子的定義，因而整粒鑽石可說是一個巨大的碳分子，而此分

子根本無需用顯微鏡放大，肉眼便看得到。

　　比較能夠直接證明微小分子存在的證據，也是電子顯微鏡所拍攝的相片。例如病毒分子是由數千個原子構成的，這些大分子仍然由於太小，無法藉可見光看見，還是得動用超短波長的電子束。

　　我們還能利用嗅覺來探察分子。我們鼻子裡的感官，對一些有害的氣體，諸如二氧化硫、氨、及乙醚等，反應非常明確。香水是另一種讓鼻子非常敏感的玩意兒，香水的氣味是液態香水在快速揮發後，一縷縷香水分子在空氣中漫無目的地向各方突竄蔓延，直到其中一些偶然衝撞到靠近鼻子的地方而被吸入，可絕不是因為人們的鼻子把它們招引了過來！

17.6　化合物

　　「化合物」是由不同種類元素的原子，依照一定的比例結合起來的物質，化合物的「化學式」則告訴我們其中各種原子的比例。比方說，二氧化碳氣體的化學式是CO_2，它指出該化合物裡面，每個碳（C）原子配有兩個氧（O）原子。水、食鹽跟二氧化碳都是化合物，而空氣、木材、跟鹽水則否，由於它們在成分上原子比例並不固定。

　　化合物不一定都是由分子構成。沒錯，水和二氧化碳是各由分子構成的，然而食鹽（NaCl）卻是由不同種原子遵照一定的規則方式，互相排列組合起來的。食鹽中每一個氯原子外面，包圍著六個鈉原子（請見圖17.5），反之亦然，也就是每個鈉原子外，也由六個氯原子包圍著。不過就整體來計算，鈉、氯原子的數目，剛好是一

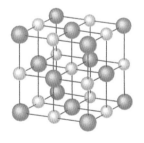

▲圖17.5
食鹽（NaCl）是一種非經由分子組成的化合物，其間鈉、氯原子以一再重複的相間方式排列，每一個原子被六個另種原子包圍著。（稍後我們會知道，NaCl中的原子實際上是離子。）

對一。另外在食鹽中，找不到任何能夠與其周遭劃清界線、其中由鈉氯組成、可稱之為分子的小團體。

化合物跟組成它的元素各具有完全不同的物理和化學性質，譬如在日常溫度下，水是一種液體，然而合成水的氫跟氧，卻兩個都是氣體。食鹽是可食用的固體，但氯卻是一種有毒的氣體。

17.7 原子核

原子內的絕大部分空間空無一物。它的質量幾乎全部擠壓在它的中心、我們稱之為「原子核」的地方。這是 1911 年，一位名叫拉塞福（Ernest Rutherford, 1871-1937）的紐西蘭物理學家，在他著名的金箔實驗裡發現的。拉塞福手下的研究小組，把一束來自一個放射源的帶電粒子（α 粒子）直接打向一片非常薄的金箔。他們預期這些粒子在穿過金箔時會偏向，因而在金箔周圍的玻璃塗上硫化鋅（如圖 17.6），以便測量粒子偏向的角度。結果他們發現，絕大多數粒子在穿過金箔時，仍順著原先路徑，大致上保持直線進行，而出人意料地，有少數粒子發生大角度偏向，而其中一部分竟幾乎循著

圖 17.6 ▶
少數 α 粒子穿過金箔時，所發生的大角度散射現象，讓拉塞福發現了金原子中心有個體積很小、質量卻非常大的原子核。

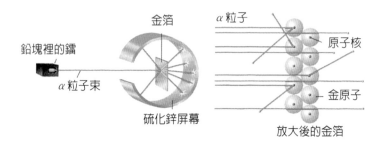

原來路徑被反彈了回來。拉塞福曾向人說，這項發現讓他吃驚的程度，好比一個人對著一張衛生紙，發射了一枚 15 英寸口徑的砲彈，然後發現它居然被彈了回來，打中了自己。

拉塞福推理得知，在金原子內，必然有一個帶正電荷的東西，而這個東西必須具備兩樣特殊性質，那就是：尺寸上與整個原子比較，它必須非常的小。另外它必須具有足夠大的質量，能夠抗拒 α 粒子沈重的衝擊而屹立不搖。於是拉塞福根據此實驗結果，發現了原子核。

雖然一個原子的質量，幾乎全部集中在原子核內，然而原子核所占空間，卻不到原子體積的一萬億分之一。因此原子核是個非常非常扎實的東西，密度非常的大。如果能把光著身子的原子核一個個彼此緊挨著，堆積成一個直徑一公分的小球（不過一顆小葡萄的大小），這粒小球的重量竟然可高達十億噸！

還好每個原子核，都因帶著相同電荷而互相推斥。因而要如此把它們緊密地堆積起來，需要克服非常強大的電推斥力量，唯有在非常特殊的狀況下，兩個或兩個以上的原子核，方有可能被推擠而碰撞到一起。當這種特殊狀況發生時，就會發生核融合這種劇烈的反應。核融合在太陽中心不斷地進行著，也發生在氫彈爆炸的那一剎那間。

原子核的主要建材是「核子」，而核子則是由叫做「夸克」的更小粒子所組成（請見《觀念物理》第 5 冊第 39 章）。電中性的核子稱為中子，帶電荷的則為質子，所有中子全一個樣，就像同個模子印出來的複製品。同樣地，所有質子也完全相同。不同元素的原子性質上的差別，就在於它們質子數目的不同，每個具有同樣數目質子的原子，都屬於同一種元素。

化學中的物理

水

一杯水裡有些什麼？自來水可絕不是純的 H_2O，它裡面很複雜，包含著一些溶解了的諸如鐵、鉀、與鎂等的金屬化合物，一些溶解了的氣體如氧跟氮，一些極微量的重金屬與有機化合物，以及一些其他化合物，例如氟化鈣與含氯的殺菌劑。哇！你可別因此大起恐慌，而不敢繼續喝自來水，一則你不見得會喜歡純水的口味，因為您喝慣的自來水裡有一些溶解物，帶給了它較好的口味。再則這些溶解物對人體的健康大有幫助，我們從普通飲水中得到的鐵、鉀、鈣、與鎂等，幾將接近每日需求量的10%。所以你大可放心，照常飲用。來！咱們乾杯！

然而任何一種元素，原子的中子數可以有所不同，凡同屬一種元素，而具有不同中子數目的原子，統稱為該元素的同位素。最常見的氫原子核只有一個質子，若這個質子旁邊，多出一個中子作伴，則成了一種較不常見的氫同位素，叫做「重氫」或「氘」。若氫原子核中有了兩個中子，那就成了「氚」。每一種元素中都會有好些個同位素存在，質量較輕的元素中，以具有相同數目的中子與質子的同位素最為普遍。而在較重的元素中，則通常偏向中子數目比質子數目稍多者。

我們用「原子序」來把眾多不同的原子分類。原子序者，其實就是原子核中的質子數。氫原子核中有一個質子，所以它的原子序是1。氦有兩個質子，所以它的原子序是2。鋰有三個質子，所以它的原子序是3。如此循序類推，直到最重的元素為止。

　　物質基本性質中，有一項是帶電性。電荷只有兩種，非正即負。原子核中的質子帶正電，而圍繞著原子核運轉的電子，則帶負電。（以後在《觀念物理》第 5 册中，還會進一步討論電荷。）兩種電荷間有著同則相斥、異則相吸的性質。質子推斥質子卻吸引電子，電子排斥電子卻吸引質子。在原子核裡面，質子被一種「強核力」捆綁在一起，這種力量非常強大，但只在非常短的距離內才能起作用。（在《觀念物理》第 5 册第 39 章裡，我們將會進一步討論強核力，或稱強作用力。）

17.8　原子中的電子

　　圍繞著原子核運轉的電子，跟在任何電路、電線裡流動、被傳遞的電子沒有什麼兩樣，它們是一種帶負電荷的次原子粒子。一個質子或中子的質量，大約是一個電子質量的 1,800 倍，所以對原子的質量而言，電子的貢獻極不顯著。

　　在一個電中性的原子中，帶負電荷電子的數目，永遠與它原子核中帶正電荷的質子數目相等。若原子中電子數變得比它的質子數多或少，這原子便不再維持電中性，而變成攜帶正或負電荷，我們統稱帶電荷的原子為「離子」。

　　質子與電子之間的吸引力，可以促使原子之間發生鍵結，而形成分子，例如利用共用電子（即共價鍵）方式，能夠把兩個原子栓到一起。另外，兩個原子也能因電子轉移後而給栓到一塊，在這種方式（離子鍵）下，帶相反電荷的兩種離子生成，它們藉由彼此之間單純的電吸引力牽扯不離。

圖17.7▶

古典的原子模型，正中有顆非常
小的原子核，核外被一些繞行的
電子包圍著。

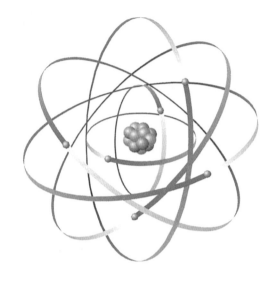

　　原子裡絕大部分空間是什麼也沒有的，此點剛好像極了我們的
太陽系。原子核與其周遭圍繞的電子，只各自占據了微不足道的一
丁點空間。但是由於電子的波動性質，使得它們在原子內形成了一
種雲狀物。這種雲狀物的韌性很強，要擠壓它得費很大的勁。顯然
當兩個原子靠近時，兩邊的電子雲會互相推斥。假設若沒有這個推
斥力，那麼固體物質的密度會比現實的高出不知多少倍。既然所有
原子裡邊都是空蕩蕩的，而人跟地面又都是由原子構成，彼此虛空
不實，但我們卻不會因此穿過地面掉落到地心去。這是全靠原子中
電子雲相互推斥的力，維持著各原子彼此之間的距離，而不會一受
壓即坍塌，或擠到一塊。

　　為了解釋不同元素的原子，如何發生互動而形成化合物，科學
家提出了一個「原子殼層模型」。電子被想像成在幾個圍著原子核的
球面層內運轉，殼層最多有七層，每層各有一定的電子容量。例

氫：僅一殼層，
內有一個電子

氦：亦僅一殼層，
內有兩個電子

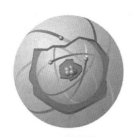

鋰：兩殼層，
內共有三個電子

鋁：有三殼層，
內有十三個電子

如，第一及最裡面的殼層，至多只能容下 2 個電子，而第七及最外邊的殼層，卻可容納達 32 個電子。原子核外的電子在殼層中排列的方式，能夠決定該物質的諸多物理性質，譬如熔點跟凝固點、導電性、以及嚐起來的味道、觸感、外觀、顏色等等。我們可以說，原子中的電子排列，給了這個世界高度的活力與繽紛的色彩。

　　「週期表」是按照原子序及電子排列，將所有不同種類原子都編排進來，成為一個圖表（見圖 17.9），用來解釋它們之間的互相關係。當您打橫的從左瀏覽到右的時候，每種元素比前一種多出一個質子跟一個電子。打直的朝下看，每種元素則比上一種，多出一個填滿了電子的殼層。

　　同一縱行裡的元素，化學性質上彼此相當接近，亦即它們與其他元素發生反應、形成新化合物及物質的傾向跟方式，均很類似。我們把它們稱為同一「族」元素，同族元素之所以具有近似的化學性質，主要是因為它們最外層電子數目相同，排列的方式也一樣。

▲圖 17.8
原子的殼層模型，是想像電子分別在原子核外圍，分成好幾層的同心球面上運轉。

1A																	0
1 **H** Hydrogen 1.008	IIA											IIIA	IVA	VA	VIA	VIIA	2 **He** Helium 4.003
3 **Li** Lithium 6.94	4 **Be** Beryllium 9.012											5 **B** Boron 10.81	6 **C** Carbon 12.011	7 **N** Nitrogen 14.007	8 **O** Oxygen 15.999	9 **F** Fluurine 18.998	10 **Ne** Neon 20.17
11 **Na** Sodium 22.990	12 **Mg** Magnesium 24.305	IIIB	IVB	VB	VIB	VIIB		VIII		IB	IIB	13 **Al** Aluminum 26.98	14 **Si** Silicon 28.09	15 **P** Phosphorus 30.974	16 **S** Sulfur 32.06	17 **Cl** Chlorine 35.453	18 **Ar** Argon 39.948
19 **K** Potassium 39.098	20 **Ca** Calcium 40.08	21 **Sc** Scandium 44.956	22 **Ti** Titanium 47.90	23 **Va** Vanadium 50.942	24 **Cr** Chromium 51.996	25 **Mn** Manganese 54.938	26 **Fe** Iron 55.847	27 **Co** Cobalt 58.933	28 **Ni** Nickel 58.71	29 **Cu** Copper 63.546	30 **Zn** Zinc 65.38	31 **Ga** Gallium 69.735	32 **Ge** Germanium 72.59	33 **As** Arsenic 74.992	34 **Se** Selenium 78.96	35 **Br** Bromine 79.904	36 **Kr** Krypton 83.80
37 **Rb** Rubidium 85.467	38 **Sr** Strontium 87.62	39 **Y** Yttrium 88.906	40 **Zr** Zirconium 91.22	41 **Nb** Niobium 92.906	42 **Mo** Molybdenum 95.94	43 **Tc** Technetium 98.906	44 **Ru** Ruthenium 101.07	45 **Rh** Rhodium 102.91	46 **Pd** Palladium 106.4	47 **Ag** Silver 107.868	48 **Cd** Cadmium 112.41	49 **In** Indium 114.82	50 **Sn** Tin 118.69	51 **Sb** Antimony 121.75	52 **Te** Tellurium 127.60	53 **I** Iodina 126.904	54 **Xe** Xenon 131.30
55 **Cs** Cesium 132.905	56 **Ba** Barium 137.33	57–71* Rare Earths	72 **Hf** Hafnium 178.49	73 **Ta** Tantalum 180.947	74 **W** Tungsten 183.85	75 **Re** Rhenium 186.207	76 **Os** Osmium 190.02	77 **Ir** Iridium 192.22	78 **Pt** Platinum 195.09	79 **Au** Gold 196.967	80 **Hg** Mercury 200.59	81 **Tl** Thallium 204.37	82 **Pb** Lead 207.2	83 **Bi** Bismuth 208.98	84 **Po** Polonium (209)	85 **At** Astatine (210)	86 **Rn** Radon (222)
87 **Fr** Francium (233)	88 **Ra** Radium 226.03	89–103† Actinides	104 **Unq** (261)	105 **Unp** (262)	106 **Unh** (263)	107 **Uns** (264)	108 **Uno** (265)	109 **Une** (266)	110 (267)								

*稀土族
（鑭族元素）
†鋼系元素

57 **La** Lanthanum 139.91	58 **Ce** Cerium 140.12	59 **Pr** Praseodymium 140.91	60 **Nd** Neodymium 144.24	61 **Pm** Promethium (145)	62 **Sm** Samarium 150.36	63 **Eu** Europium 151.96	64 **Gd** Gadolinium 157.25	65 **Tb** Terbium 158.93	66 **Dy** Dysprosium 162.50	67 **Ho** Holmium 164.93	68 **Er** Erbium 167.26	69 **Tm** Thulium 168.93	70 **Yb** Ytterbium 173.04	71 **Lu** Lutetium 174.967
89 **Ac** Actinium 227.028	90 **Th** Thorium 232.038	91 **Pa** Proctactinium 231.036	92 **U** Uranium 238.029	93 **Np** Neptunium 237.048	94 **Pu** Plutonium (244)	95 **Am** Americium (243)	96 **Cm** Curium (247)	97 **Bk** Berkelium (247)	98 **Cf** Californium (251)	99 **Es** Einsteinium (254)	100 **Fm** Fermium (257)	101 **Md** Mendelevium (258)	102 **No** Nobelium (259)	103 **Lr** Lawrencium (260)

▲圖 17.9

元素週期表。位於每個化學符號上方的數字是原子序，與該元素原子核中的質子數目相等，同樣也等於該元素在電中性時，核外圍繞的電子數目。化學符號下方的數字是它的原子質量。週期表中的橫排每一列，具有不同的電子殼層數目。注意最上的一列只有氫與氦兩種元素，氦內的兩個電子，已把最內層的電子殼層占滿。元素們的上下垂直關係或縱行的安排，是根據它們擁有同樣的最外層電子數目及排列方式，此種相同的排列，使得同行元素以及從它們衍生出來的同類化合物，都顯現出甚為近似的物理及化學性質。

17.9　物質的相

物質在不同環境下，分別以四種相中之一出現。對固體、液體、與氣體等三種相，我們都不陌生。在「電漿」這種相中，物質包含著帶正電荷的「正離子」（也就是丟掉了部分電子的原子）以及自由電子。電漿只存在於高溫之中，雖然在我們日常經驗裡不很常見，卻是宇宙間最主要的物相。太陽、恆星、以及絕大部分星系間物質全屬於電漿。比較接近我們日常生活起居的例子，有日光燈管裡發光的氣體，它就是一種電漿。

無論外表呈現的是何種物相，原子都一直不停地運動。固體內的原子、分子雖然位置大致固定，它們仍在就地搖擺振盪。如果分子振盪的速度增大，到達足夠程度後，這些分子就會被甩離原位，到處衝撞遊走。當分子位置不再固定後，整個物質失去了它原先的形狀，只好順從外面容器的限制，這就成了液體。如果有更多能量加入，使得各個分子的移動變得更為快速，直到一朝能夠完全擺脫彼此之間的羈絆，則是氣相的開始。

所有物質都能夠從一種相轉換成另一種相。我們最常見到的是化合物 H_2O 在相上的變更，它的固相是冰，如果我們把冰加熱，加快了的分子運動使得分子掙脫了原先固定的位置，於是冰融化成水。如果我們把水加熱，持續加快的分子運動到達某一程度後，導致水分子之間的脫離，於是水變成了水蒸汽。再繼續加熱，會使分子漸漸解體成為原子，如果我們把它們加熱到 2000℃ 以上，這些原子會被搖散成為離子與自由電子混合的氣體，也就是電漿。

接下來的三章，我們將分別討論固體、液體、及氣體諸相。

觀念一把抓

觀念摘要

絕大部分的物質，是分別由僅僅 100 種左右不同的原子構成。

◆ 每種原子分別隸屬於不同的元素。

◆ 早在太陽系還未誕生之前，大多數的原子就已在不同物質之間不斷地忙著做再循環。

◆ 原子太小，不能藉可見光看到，但可利用電子顯微鏡把它拍攝下來。

化合物是由不同元素、依一定比例、相互結合而成的物質。

◆ 有些化合物是由分子構成，而分子則是由兩個或兩個以上的原子，連接而成的個體粒子。

◆ 其他非分子化合物，是不同種類原子之間依照一定比例及規則模式，相互穿插排列而成。

原子是個幾乎完全真空的東西，它的質量，幾乎完全集中在它的原子核裡面。

原子核是由質子與中子構成。

◆ 原子核中的質子數目，決定此原子究屬於哪個元素。

電中性的原子，圍繞原子核的電子與核內的質子，兩者數目相等。

◆原子殼層模型，是把電子想像成各自分屬於原子核外的數層球
　面殼內。

週期表是將所有元素依照它們的的原子結構，以及各物理、化學性
質，分門別類地排列組合出來的關係圖表。

重要名詞解釋

原子　atom　元素中仍然具有該元素特徵的最小顆粒。爲由質子與
中子聚成的原子核和環繞於外的電子所組成。（17.0）

元素　element　由同一種原子組合起來的物質。例如碳、氫、氧、
氮等等。（17.1）

布朗運動　Brownian motion　懸浮於液態介質中的微觀粒子所做的
無定向運動。（17.4）

分子　molecule　兩個或多個相同或不同的原子結合成一個較大的粒
子。（17.5）

化合物　compound　由一種或一種以上的原子，以一定的比例組合
而成的化學物質。（17.6）

化學式　chemical formula　使用元素的符號和數字來描述化合物或
化學反應時，各元素在其中的分量比例，所用的表達方法。（17.6）

中子　neutron　電中性的粒子，它是組成原子核的兩種粒子中的一
種。（17.7）

同位素　isotope　一種元素的數種同位素，就是有相同的原子序、
但不同原子量的原子。（17.7）

原子核　nucleus　帶正電的原子中心部分，內部由中子和質子構成，幾乎擁有原子的全部質量，可是所占原子的體積卻只有一點點。（17.7）

原子序　atomic number　一個原子核內含有的質子總數。（17.7）

核子　nucleon　原子核內的基本成分，就是指中子和質子。（17.7）

質子　proton　帶正電荷的粒子，是原子核中能找到的兩種粒子中的一種。（17.7）

原子殼層模型　shell model of the atom　將原子內的電子想像成群聚在一層層環繞著原子核的同心圓殼上的一種原子模型。（17.8）

族　group　週期表上同一縱行上的諸元素。（17.8）

週期表　periodic table　按照原子序和電子組合以排列元素的圖表，如此可以將化學性質近似的元素歸屬於同一縱行之下（見圖17.9）。（17.8）

離子　ion　一個原子（或是一群結合在一起的原子）帶有淨電荷者。那是由於獲得或者喪失電子的關係。（17.8）

電漿　plasma　物質的第四相，其他三種為固相、液相和氣相。電漿主要是在高溫中存在，電漿包含帶正電的離子和自由電子。（17.9）

借題複習

1. 目前我們已知的元素種類，一共大約有多少？（17.1）

2. 哪種元素的原子最輕？（17.1）

3. 大多數原子的年齡，與太陽系的年齡比較起來如何？（17.2）

4. 有人說我們並不「擁有」身上的原子，此話怎講？（17.2）

5. 一個人的肺活量裡所含空氣的大概原子數目，比起整個地球大氣層所能包含人們呼吸一口氣息的數目，孰大孰小？（17.3）

6. 原子的尺寸大小，跟可見光的波長比較起來如何？（17.3）

7. 促使塵埃粒子做布朗運動的是什麼？（17.4）

8. 藉著可見光，無論如何也看不到個別原子，但是圖 17.3 卻是一幀顯示出個別原子的相片，請解釋這是怎麼回事。（17.4）

9. 請說明原子與分子之間的差異。（17.4）

10. (a)純水是由多少種元素組成？

(b)一個水分子中有幾個單個的原子？（17.5）

11. (a)舉出一個由分子構成物質的例子。

(b)舉出一個不是由分子構成物質的例子。（17.5）

12. 對或錯：我們聞到東西，是因為某些分子會被鼻子吸引過來。（17.5）

13. (a)什麼是化合物？

(b)列舉出至少三個化合物的化學式來。（17.6）

14. 當拉塞福的研究小組成員，用次原子粒子去撞擊一張薄金箔時，他發現了什麼？（17.7）

15. 質量上，原子核跟整個原子比較如何？（17.7）

16. 尺寸上，原子核跟整個原子比較又如何？（17.7）

17. 核子有兩種，它們各是什麼？（17.7）

18. (a)什麼是同位素？

(b)請舉出兩個同位素的例子。（17.7）

19. 元素的原子序，跟它原子核裡的質子數目比較起來如何？跟它通常繞核運轉的電子數目，比較起來又如何？（17.7）

20. 質量上，一個電子跟一個核子比較起來如何？（17.8）

21. (a)什麼是離子？

(b)請舉兩個例子。（17.8）

22. 從原子的層次上看，實心鐵塊裡面幾乎完全真空。此話怎講？
（17.8）

23. 什麼是元素週期表？（17.8）

24. 根據原子殼層模型，氫原子裡有多少層的電子殼層？鋰原子如
何？鋁原子又如何？（17.8）

25. 物質的四種相是什麼？（17.9）

想清楚，說明白

1. 指出下列中，代表純元素的化學式：H_2、H_2O、He、Na、
NaCl、Au、U。

2. 哪邊的原子年齡比較大：老年人身體裡的原子，還是嬰兒身體裡
的原子？

3. 假定你的一位兄弟剛走進房間，你就聞到他身上的刮鬍水香味，
從原子觀點來看，究竟發生了什麼？

4. 原子核內的質子數目，究竟如何決定元素的化學性質？

5. 原子內的空間幾乎完全真空，而地板之類建築結構無不由原子組
成，所以也是空虛的，那麼你為何不會穿過地板，掉落下去？

6. 如果我們可以把一個質子加進碳原子核中，它會變成什麼元素？
（參照週期表）

7. 如果從鈾原子核中，射出了兩個質子和兩個中子，剩下來的原子
核，變成了什麼元素？

8. 你可以吞下一個充滿鍺元素的膠囊而平安無事，但是若事先將一

個質子加進鍺原子核，你就不會願意吞下這顆膠囊，為什麼？

9. 假設所有原子都滯留在大氣中，有沒有可能在你吸入的下一口氣息裡面，至少有一個原子是來自你出生後呼出的第一口氣？

10. 增加或減少熱量，跟物質是以固體、液體、氣體、亦或電漿呈現，兩者有何關係？

第 18 章

固　體

數千年以來，人類一直在鑑識、區分以及使用固體物質。石器時代、青銅器時代、鐵器時代等歷史名詞告訴了我們，固體材料在人類文明發展上有多麼重要。初期先民們的最主要的材料，大概不外樹木跟泥土。然而在藝術與裝飾用途上，他們老早就知道利用各種玉石。後來的幾十個世紀裡，人類使用的材料種類不斷增加，用途也逐漸多樣化，但人對材料本質的了解，卻鮮有進展。一直等到了晚近，有人發現了原子，以及它們之間的交互作用，我們對材料的結構才得到進一步的了解。人類因而搖身一變，從傳統上材料的尋覓者跟蒐集者，成了材料的實際創造者。在現代實驗室裡，化學

家、冶金家以及材料科學家的例行事務，就是針對特殊需求，設
計、製造出新的材料。例如固態物理學家，研究出一種叫半導體的
固體物質，並將它製成各式各樣成品來因應資訊社會的需求。

18.1　晶體結構

　　我們仔細觀察各種礦石標本，諸如水晶、雲母石或是方鉛礦
時，能夠看到礦石內一些以不同角度相交的、光滑、平直表面。礦
石基本上是由「晶體」組成，它具有規則的幾何形體。每一個礦石
標本裡，包含著許多個晶體，各以不規則的角度聚集在一起。礦石
本身可以有非常不規則的外型，就像是由許多小正方體，或是其他
規則形體的小單位，被膠黏貼在一起，任意組成的實質藝術塑雕。

　　並非所有固態物質中的晶體，都能讓人看一眼就可分辨出來。
許多得等到二十世紀初，X射線成為研究工具之後，才被人們所發
現。圖18.1是一張X射線穿過食鹽（氯化鈉）晶體結構所造成的X
射線繞射圖案。我們把由發射管放出的X射線，用一塊中間留著一
個小孔的鉛板擋住，讓穿孔而過的細窄X射線指向氯化鈉晶體，晶
體後方放著一張感光底片，射線穿過晶體後，在底片上印出如圖
18.1下方顯示的圖案。圖案正中心位置的那個白點，主要是沒發生
繞射的X射線光束，其他白點的大小跟排列方位組合，則告訴我們
晶體內鈉原子與氯原子的排列方式。凡是氯化鈉晶體，都會產生與
此完全一致的X射線繞射圖案。每一種不同的晶體結構，都有它自
己獨特的圖案。

　　X射線穿透過晶體，在底片上感光而造成的圖案，顯示出任何

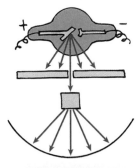

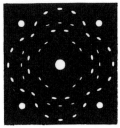

▲圖18.1
食鹽（氯化鈉）晶體結構，所造
成的X射線繞射圖案。

晶體內的原子都排列得很有秩序。以氯化鈉晶體為例，其中原子排
列方式，有如一個三維空間的西洋棋盤，或是像一個在遊樂場所供
兒童攀爬的立體鐵架（見圖18.2）。

圖18.2 ▶
氯化鈉晶體的模型。其中大球代
表氯離子，小球代表鈉離子。

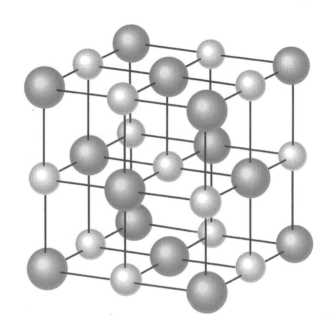

鐵、銅、金之類的金屬，有著相當簡單的晶體結構。對比之
下，錫跟鈷則稍稍複雜一些。如果仔細觀察曾經用酸清洗（蝕刻）
過的金屬表面，你可以看見金屬的晶體。在經過長期風吹雨打的白
鐵表面上，以及被汗水侵蝕過的黃銅製門把上，你也可以發現金屬
晶體的蹤跡。

18.2　密度

　　固態物質、液體、甚至氣體，都各具一項獨特性質，那就是「密度」，意思是該物質的充填程度有多緊密。密度的測量方法，是稱量占據著已知空間的該物質重量，然後以每單位體積內所含質量來加以表示：

$$密度 = \frac{質量}{體積}$$

　　當你把一塊巧克力從中一扳為二時，對它的密度有什麼影響沒有？答案是沒有。半塊巧克力雖只剩下整塊的一半質量，卻也只有原來一半體積。密度既非質量，也不是體積，它是一個比率，是每單位體積內的質量。一根純鐵釘子，和一個純鐵炒菜鍋，具有相同的密度。雖說這個炒菜鍋裡面鐵原子的總共數目，比鐵釘裡多了 100 倍，炒菜鍋具有 100 倍質量，但它也占用了 100 倍的空間，所以就單位體積內質量，也就是密度來說，鐵釘跟炒菜鍋完全一樣。

　　物質的密度，取決於物質中各組成原子的質量，以及原子的間

◀圖 18.3
當我們擠壓麵包時，麵包的體積縮小，因而它的密度增加。

隔距離。鋨是一種堅硬的藍白色金屬元素，是地球上密度最大的物質。雖然它的每個原子比起金、汞、鉛、鈾等原子，質量上都要輕些，然而它的晶體內，鋨原子之間距離非常靠近，以致給了它最大的密度。換言之，一立方公分鋨，比起同樣一立方公分的金或鈾來，裡面所含原子數目較多一些。

在表 18.1 中，我們列出了一些物質的密度，表中使用的單位是每立方公分之公克數（g/cm^3）。若以公斤／公尺^{3}爲單位的密度值，要比這個密度值大上 1000 倍。譬如水的密度是 1000 公斤／公尺^3，而鋨的密度是 22,600 公斤／公尺^3。密度會隨著溫度和壓力的變化而有些不同，因此除了水以外，所有列出的密度數據，都是定在 0°C 跟一大氣壓下。請注意，此表告訴我們，4°C 水的密度是 1.00 公克／公分^3，原來公克這個單位的定義，就是一立方公分 4°C 的水，所具有的質量。一塊具有密度 19.3 公克／公分^{3}的金磚，比起相同體積的水來，質量是後者的 19.3 倍。

另一種稱爲「重量密度」的量，它是一件物體每單位體積的

表 18.1　一些物質的密度							
物質（固體）	密度（g/cm^3）	物質（固體）	密度（g/cm^3）	物質（固體）	密度（g/cm^3）	物質（液體）	密度（g/cm^3）
鋨	22.6	銅	8.9	鋁	2.7	汞（水銀）	13.6
鉑	21.4	黃銅	8.6	石墨	2.25	甘油	1.26
金	19.3	鐵	7.8	冰	0.92	海水	1.03
鈾	19.0	鋼	7.8	松木	0.50	4°C 之水	1.00
鉛	11.3	錫	7.3	博紗木	0.12	苯	0.90
銀	10.5	鑽石	3.5			乙醇	0.81

「重量」：

$$密度 = \frac{重量}{體積}$$

　　重量密度，通常是用在討論涉及液體壓力的議題上。

　　還有一種密度的標準量度方法是「比重」，也就是物質的質量（或重量）與同體積水的質量（或重量）之間的比值。比方說，如果某一物質比同體積的水重了正好五倍，則它的比重是 5。換言之，比重是物質密度與水密度的比，因而沒有單位（密度單位除以密度單位，相互抵消）。如果你想知道表 18.1 中所列各物質的比重，不必另找，同表中各密度值的數字部分，就是它們的比重值。

Question

1. 請問 1 公斤的水與 10 公斤的水，哪個的密度較大？
2. 請問 5 公斤的鉛跟 10 公斤的鋁，哪個的密度較大？
3. 請問 1 公克的鈾與我們行星地球，哪個的密度較大？
4. 金的密度是 19.3 公克／公分^3，它的比重是多少？

Answer

1. 不論水的量有多少（在 4°C 時），其密度一樣都是 1.00 公克／公分^3。
2. 任何量的鉛都比任何量的鋁，永遠有著較高的密度。物質量上的多寡，實與密度無關。
3. 任何量的鈾都比地球稠密。地球的平均密度實際上約 5.5 公克／公分^3，遠較鈾的密度（19.0 公克／公分^3）為小。
4. 金的比重＝金的密度÷水的密度＝（19.3 公克／公分^3）÷（1.00 公克／公分^3）＝ 19.3。

密度計算的妙用

　　金子自古被用來當貨幣，原因之一是它屬於物質中密度最高的一員，易於鑑定。商家若懷疑任何金子攙了假，他只需量一量它的質量和體積，計算出它的密度，然後與純金的密度19.3公克／公分³比較，就可以得到答案。

　　設若一塊有問題的金子，經過量測之後發現，它的質量57.9公克，體積3.00立方公分，它是純金嗎？我們可以如下計算出它的密度：

$$密度 = \frac{質量}{體積} = \frac{57.9公克}{3.00公分^3} = 19.3公克／公分^3$$

　　結果是它的密度與純金的密度正好吻合，因而我們可以確認它是純金。（雖然完全相同的密度，也可以在金子內混以一種以鉑為主的合金來達成，但不可能真的發生這種事，因為鉑的價值要比純金昂貴了許多倍）。在下章裡，你會學到一個簡易的方法，來測量有著不規則外形固體的體積。

▲圖 18.4
弓是彈性體，當形變力撤消後，它會回復到原來的形狀。

18.3　彈性

　　當我們把一件重物懸掛在一根彈簧尾端時，彈簧會延伸到某個程度。如果我們再加上一些別的重物，彈簧會繼續延伸，變得更長。待我們把所有重物從彈簧上取下，彈簧就會回復原來的長度。總結這些現象，我們說彈簧具有彈性。

　　在打擊手擊中棒球的一剎那間，他暫時改變了球的形狀。射手

彎弓搭箭，箭射出之後，弓又回復到原狀。以上提到的彈簧、棒球、弓都是具有彈性物品的例子。所謂「彈性」，是固體物質的一種獨特性質，有了它，這物質會因外力的加諸而變形，但一旦外力撤除，該物質又會恢復原狀。

　　經過外力的加諸又再撤開之後，並非所有的物質都會回復原狀。凡是變形之後不會回復原狀的物質，我們稱它為「非彈性」物質。黏土、灰泥、麵團等即是。鉛也是屬非彈性，由於它易於永久性地扭曲變形。

　　在彈簧上掛重物，就是把一個力施加到彈簧上。我們發現，彈簧被拉長或是壓縮的距離變化，跟所加的力的大小有著正比的關係（圖18.5）。

　　此關係最早被一位與牛頓同時期的英國物理學家虎克（Robert Hooke, 1635-1703），在十七世紀中葉發現，因而叫做「虎克定律」。彈簧伸長或壓縮的程度 x，與所施加的力 F 成正比。如力增加一倍，伸長距離即倍增，力增成三倍時，伸長距離也變成三倍。寫成公式就是：

$$F \sim x$$

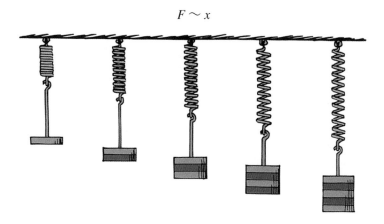

◀圖18.5
彈簧的伸長距離與所施加的力成正比。當重量加倍時，彈簧的伸長距離亦加倍。

不過當彈性物質被拉長或壓縮到超過了一定程度後,它就會一直保持著形變,而無法再回復原狀。發生永久形變,所需要的最短伸長距離,叫做「彈性限度」。必須所加的力不至於拉長或壓縮該物質材料超過它的彈性限度,虎克定律才能夠成立。

❓ Question

1. 實驗發現,某根樹枝遵守虎克定律,如果我們把一個20公斤的重物掛在樹梢,這樹枝下垂10公分。如果換上一個40公斤的重物,掛在同一地方,樹枝應該下垂多少距離?若該重物是60公斤又會如何?(假設這些重量,都還不足以使樹枝超過它的彈性限度。)

2. 如果施以10牛頓的力會把某一彈簧拉長4公分,那麼改用15牛頓的力,該彈簧會被拉長若干?

🅰 Answer

1. 一個40公斤的負荷,恰是20公斤的兩倍重。依照虎克定律,F ～ x,兩倍作用力應當會造成兩倍伸長,因而該樹枝會下垂20公分。同理,若換上重60公斤的負荷,它會使樹枝下垂距離為原先的三倍,亦即30公分。(不過一旦超過樹枝的彈性限度,樹枝下垂的距離,便不能再根據負荷的大小來預期。)

2. 彈簧會延伸6公分。這是從下面的等比公式計算出來的。

$$10 \text{牛頓} / 4 \text{公分} = 15 \text{牛頓} / x$$

這個代數式唸起來是10牛頓比4公分,等於15牛頓比x。由此式可導出 x =(15牛頓×4公分)/10 牛頓= 6公分。在做此類實驗時,你會發現,加諸彈簧的力與彈簧伸長的長

度，有個固定的比率。這個比率稱為彈力常數 k，上例中的 k
等於 2.5 牛頓／公分。而虎克定律本身，可以用 F ＝ kx 來表
示。

工程中的物理

土木工程師

　　世界各處，不時發生毀滅性大地震。土木工程師從震災
中坍塌的建築物，發掘問題所在，汲取教訓，學到如何在未
來地震中減少災害。他們也檢驗不同建材對地震的適應能
力，然後根據這些資料，設計建造出更堅固和更有彈性的橋
樑、隧道以及公路等等。土木結構設計之良窳，最大的關鍵
還是在於土木工程師對物理原理的了解。土木工程師除了任
職於民間的營建公司之外，也可以在政府部門執行公共工程
計畫。

18.4　壓縮力與張力

　　鋼是一種極為優良的彈性材料，既能被拉長，亦能被壓縮。由
於兼具強韌與彈性，它不只是被用來製造彈簧，還廣被應用在大建
築物的構架上。由鋼質材料所建的高層建築物垂直架構，也就是柱
子部分，會因為載重關係，產生非常微小的收縮。在多層建築物
中，一根典型的 25 公尺長鋼柱在 10 噸重的負荷下，會被壓縮約僅僅
1 公釐距離。相較之下，比較大幅度的變形則發生在水平結構上，亦
即橫樑部分。它們在沈重負荷下，有遠較顯著的彎曲、中央下陷等

圖 18.6 ▶
圖中橫樑的上層部分處於拉力之
下，下層部分則受到擠壓，那麼
上下兩層間的中央部分，處境又
是如何？

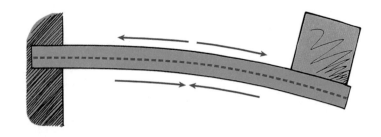

現象發生。

　　任何一端固定，或是兩端皆固定、或是有支撐點的橫樑，在包
括它本身重量的負荷下所承受的不只是壓縮力，還有張力（拉力）。
讓咱們看看圖 18.6，其中橫樑的一端固定，另一端上面放著一件重
物負荷，由於該負荷加上橫樑本身的重量，會使得沒被固定的那端
往下沈了一些。

　　你可看得出來，橫樑的上緣部分是處於拉力之下嗎？其中所有
原子跟原子之間的距離被拉力扯開了少許，以致整個橫樑的上緣變
得稍微長了一些。同樣地，你是否也能看出，橫樑的下緣部分是處
於壓縮力之下？在那兒的原子相互之間的距離受到推擠，使得整個
下緣變得稍微短一些。簡言之，橫樑的上緣被拉長，下緣被壓短。
除此之外，只要稍加推敲，你自然會發覺在上緣與下緣中間，必定

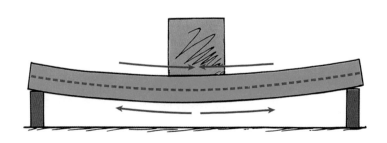

圖 18.7 ▶
橫樑的上層部分被擠壓，下層部
分被拉扯，請問所謂的中立層，
也就是那既無壓縮也沒有拉張的
部位，會在哪裡？

有個部位既無拉力，也受不到擠壓，那就是「中立層」。

　　考量一下圖18.7中的橫樑，它的兩頭均有支撐，而中段部位壓著一件重物。這回狀況剛好跟上一個例子相反，這根橫樑的上層部分受到擠壓，而下層部分受到拉扯。沿著上下兩層之間的中線，同樣有一個中立層。

　　不知你是否曾經覺得奇怪，為什麼許多鋼骨材料，如圖18.8中所畫的，有著與英文字母I形狀相似的橫斷面？這種所謂I字樑，材質的分布大部分集中在上下兩根平行、叫做凸緣的長條上。連接這兩根鋼條，中間垂直部分叫做腹板，用料常常比凸緣還薄些。幹嘛要做成這樣子的樑呢？

　　答案是把這根鋼骨打橫作樑的時候，依照前面所給的兩個例子，不論支撐是怎麼樣個擺法，橫樑承受到的力量，主要分布在上下兩根凸緣上，其中一根會受到拉扯，另一根則受到壓縮。兩根凸緣中間的腹板，是處於應力不彰的部位，它的功用只在固定兩根凸

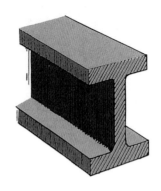

▲圖 18.8
I 字鋼骨，就像是把一根實心鋼樑用不著的中央部分給挖空了。如此一來，剩下來的鋼骨輕了許多，卻幾乎跟原來的實心鋼樑一樣強固。

> ▶ **物理 DIY**

搭建三角架

　　三角形是建築上最堅固的構築模式。可能你早已注意到，舉凡鋼架橋樑、巨型室內運動場，到處都可見到三角架結構。木匠在建造家居房屋、搭建簡單木架時，為了維持架子角度，都在角落部位釘上三角鐵或斜撐木條。原因是在壓縮力之下，多邊架子中只有三角形結構不會被扭轉或摺攏起來。

　　現在讓我們實地證明一下三角架的妙用，依圖所示，先用釘子或螺絲釘把三根木條首尾連接起來，然後用同樣方式把四根木條首尾連接起來，做好之後，再從各個方向分別推壓它們，比較它們抵抗摺疊的能耐。

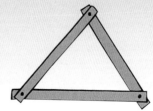

緣,不讓它們分開。負荷愈重,橫樑上下兩凸緣的間距,也必須愈大才能支撐。總之,這樣做的目的是節省材料,一根I字樑的堅實強韌,幾乎和把I字兩旁凹槽填滿的長方實心樑一樣,但I字樑的重量卻輕巧許多。

② Question

假如你必須在圖中這根樹幹上,在最不削弱樹幹強度的前題下,打穿一個水平的洞,那麼你會把洞打在樹幹的哪個部位,是應該靠近頂端部分、樹幹中間、抑或是底層部分?

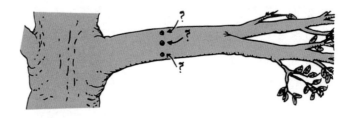

④ Answer

我們應該把洞打在樹幹的上下正中間,也就是所謂中立層的部位。樹幹頂端部位的木質纖維,因為樹幹的重量一直受到拉力,如果把洞打在那兒,張力可能把樹幹從有洞的位置拉開斷裂。而樹幹底層部分的纖維受的是壓縮力,如果把洞打在那兒,洞周圍的樹幹部分可能會支撐不住而被壓碎。但是在兩者之間的中立層處,由於那兒的纖維既不被拉、亦不受壓,打個洞在那兒,不會影響到樹幹對重力承受的強度。

18.5　定標

　　你可曾注意過，小小的螞蟻有多麼大的能耐嗎？任何一隻螞蟻，都能夠輕易地一次扛起相當於好幾隻螞蟻的重量。對比之下，大象中即使是體格最精壯的，也難得能夠背負起一頭象的重量。假如我們能夠把螞蟻放大到跟大象相若的尺寸，牠會是多麼強壯呢？這隻「超級螞蟻」會比大象強壯好幾倍嗎？

　　答案出人意料地是否定的。也就是說，經過放大了的螞蟻，絕對扛不起牠自己的體重。原因是牠的腿太瘦太細，不只無法支撐牠放大了的身體，還很可能被體重壓斷。

　　之所以現實比例上，螞蟻的腿細，大象的腿粗，背後是有原因的。自然界所有生物身上，各部分比例都跟它們整體的線性尺寸有關。研究物體的大小尺寸會如何影響它的重量、強度、及表面積，以及後列三項之間相對關係的這門學問，就叫「定標」。當任何一樣東西的尺寸加大時，它在重量上的增加，往往會遠超過它在強度上的增加。一個明顯的例子是，我們把一根木製的牙籤，兩頭搭在支撐上，你絕看不出它中間懸空部分會出現任何下垂跡象。然而一根具有同樣木質，粗細長度比例與牙籤相同的長截樹幹，我們把它同樣也兩頭搭在支撐上，中間懸空部分就會明顯地下垂。這例子明白告訴了我們，這根樹幹在單位質量的強度上遠不及牙籤。

　　樹幹也好，動物的胳膊、腿也好，它們的重量跟體積成正比關係，而它們的支撐強度，也與橫斷面的面積成正比關係。為了進一步釐清它們兩個之間的關係，讓我們瞧瞧一個簡單的、邊長各 1 公分的實心立方物體。

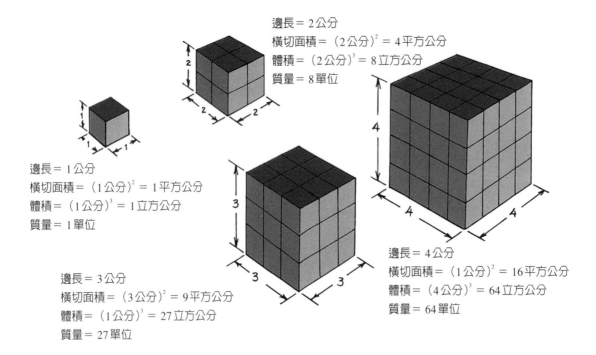

邊長 = 2公分
橫切面積 = $(2公分)^2$ = 4平方公分
體積 = $(2公分)^3$ = 8立方公分
質量 = 8單位

邊長 = 1公分
橫切面積 = $(1公分)^2$ = 1平方公分
體積 = $(1公分)^3$ = 1立方公分
質量 = 1單位

邊長 = 3公分
橫切面積 = $(3公分)^2$ = 9平方公分
體積 = $(1公分)^3$ = 27立方公分
質量 = 27單位

邊長 = 4公分
橫切面積 = $(1公分)^2$ = 16平方公分
體積 = $(4公分)^3$ = 64立方公分
質量 = 64單位

▲圖18.9

如果物體的線性尺寸（也就是一般所說的長、寬、高或深），以某一個倍數值增大，它的面積就會以該倍數的平方值增加，而它的體積（以及它的質量與重量）更會以該倍數的立方值增加。從圖中四個立方體我們不難看出，當立方體的線長增加成原先的2倍時，它的面積增加成原先的2^2 = 4倍，而它的體積則放大到原先的2^3 = 8倍。同樣地，當長度增加為3倍時，面積會增加成3^2 = 9倍，體積成為原先的3^3 = 27倍。

　　　　這個立方物體有著1平方公分的橫切面積，意思是說，如果我們順著它任何一個表面（它一共有六面）的平行方向，在任何一處，一刀把它剖開來，則切口的面積是1平方公分。我們拿這個立方體，跟另一個有著兩倍邊長的立方體來比較，後者的橫切面積會是2×2（或4）平方公分，體積則是$2 \times 2 \times 2$（或8）立方公分。如果這兩個立方物體具有同樣密度，後者質量就會是前者的八倍。請仔細觀

察圖18.9，你會發現當線性尺寸增加時，它的橫切面（總的表面積亦然）是隨著線性增加率的平方在增加，而體積則以線性增加率的立方在增加。

因此，體積和重量的增加率，比起相對地橫切面積的增加率，要快了許多。雖然圖解上用的只是簡單的立方體，但它所闡明的道理卻不受物體形狀的限制，也就是適用於任何形狀的物體。有了這層認識後，現在再讓我們想想，假設有位能舉起他自己體重的運動員，而我們有辦法把他的直線尺寸增大一倍，也就是使他變成原先的兩倍高、兩倍寬，每根骨頭的長度、厚度全都加倍，身上的任何直線距離全都以2乘過，那麼他會變成兩倍於原來那麼樣強壯嗎？或是說，他變得能夠舉起他自己體重的兩倍嗎？

上面這兩個問題的正確答案都是否定的。由於他的胳膊變成原來的兩倍厚，胳膊上任何一處橫切面積都成了原先的四倍，因而他應該比以前強壯了四倍，或者說能舉起四個原來的他。但是他變大後的體積，卻是原來的八倍，體重也同樣增加成為原來的八倍，因此，即使他比以前強壯了不少，卻只能夠舉起他現在體重的一半而已。以他的體重來看，增大了尺寸的他，力氣未增反減，倒是變軟弱了。

體積（和重量）隨著線性增加率的立方值增加，而力氣（和面積）卻隨著線性增加率的平方值增加。這項法則說明了為什麼體形龐大動物的粗腿，跟小動物的細腿比起來，有那麼大的差異。再想一想大象跟鹿之間，或大蜘蛛與長腿蠅之間，腿形的區別在哪裡。

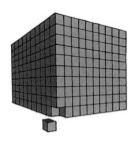

❓ Question

1. 如果我們把一個邊長 1 公分的正立方體，放大到每邊 10 公分，那麼放大後正立方體的體積變成了多少？它的橫切面面積又是若干？它的總表面積又是若干？

2. 假如有個方法，能叫一位運動員身上的所有尺寸，都按比例放大成兩倍，他會變得比原先強，還是弱？

Ⓐ Answer

1. 放大後正立方體的體積 V ＝邊長的立方＝（10 公分）³＝ 1000 立方公分。它的橫切面積＝邊長的平方＝（10 公分）²＝ 100 平方公分。由於它在四個方位之外，另有上、下的蓋與底，一共是六個面，是以它的表面積總和＝ 6 個面×每面面積＝ 6 × 100 平方公分＝ 600 平方公分。

2. 放大了的運動員，由於一身骨骼長度、肌肉厚度都是原先的兩倍，其橫切面積則成了原先的四倍，於是他的舉重上限應變成從前的四倍。但是他的體重卻增加成原來的八倍，若拿他的體重當成標準，他反倒是變得比以前弱了。力氣增強成四倍，而體重增加到八倍，使得他每單位體重的力氣值只有原先的一半。也就是說，如果原來他剛好能夠舉起自己體重，變大後的他就只能舉起他自己體重的一半。總之，他的力氣固然是隨著身材放大而增加，但他在力氣對體重比例上，卻是顯著退步了。

　　小說、電影裡，一向把大金鋼以及其他杜撰的巨人或巨獸，都說得力大無窮，在科學上是站不住腳的。故意忽略掉定標這個自然關係，正是科幻小說有別於真正科學的一個主要重點。

　　物體的整個表面面積、跟它的容量或體積之間比較關係，也相當重要。我們從圖18.10的剖析中，可以了解到物體的線性尺寸增大時，它的體積和表面積也跟著變大。不過前者比後者的增加率要來得大些，原因是體積以長度的立方值成長，而表面積與稍前提到的橫切面一樣，僅以長度的平方成長。換句話說，物體成長變大時，它的表面積和體積的增加率不同，結果是當東西的個頭變大時，它的表面積對體積之比例，會愈變愈小。一般人懂得這個道理的還真不多，下面舉一些例子，當有助於讀者對此觀念的了解。

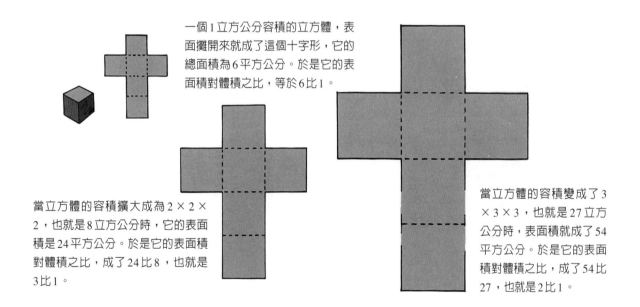

一個1立方公分容積的立方體，表面攤開來就成了這個十字形，它的總面積為6平方公分。於是它的表面積對體積之比，等於6比1。

當立方體的容積擴大成為 $2 \times 2 \times 2$，也就是8立方公分時，它的表面積是24平方公分。於是它的表面積對體積之比，成了24比8，也就是3比1。

當立方體的容積變成了 $3 \times 3 \times 3$，也就是27立方公分時，表面積就成了54平方公分。於是它的表面積對體積之比，成了54比27，也就是2比1。

▲圖18.10
當物體朝所有方向按一定比例成長變大時，體積的增加必然比表面積的增加要快，因而每單位體積所分享到的表面積，會逐漸變小。

有經驗的廚師都知道，在削洋芋皮時，兩袋洋芋同樣是五公斤重，小洋芋削出的皮，要比大洋芋削出的多些。

物體若以每公斤重量計算，愈是小塊的就有愈多的表面積。經驗告訴我們，要冷卻飲料，加碎冰的效果比加等量的大塊冰要快得多，理由是：冷卻作用僅發生在物體的表面，而碎冰跟飲料之間的界面面積，遠大於在用大冰塊的情況下。

鐵生鏽也是一種表面現象，鐵暴露在空氣中表面積愈大，生鏽的速率也就會愈快。那就是爲什麼在鐵工廠加工時刨下來的多餘碎鐵屑，或是有意製成的「鋼纖毛」，由於它們每單位體積具有超大表面積，在空氣中不要多久就會鏽蝕完了。跟它們具有同樣重量的鐵，若是被囊括在單一的立方體或球體裡面，則它生鏽速率，跟鐵屑相比，簡直是牛車跟飛機，沒得比的。

塊狀的煤，經點燃後會慢慢地燒，但同樣質量的煤若磨成了細粉，一點火便會爆炸。在同一個油鍋裡炸薯條，粗薯條比起細的來要多費許多功夫。扁平形狀的漢堡餅，比起用同樣多絞肉做成的肉丸來，不管怎麼去烹煮，都會熟得快些。這些現象，無非都是因爲它們表面積的消長，並非跟隨體積變化而改變。

▲圖18.11
大象由於軀體過於龐大，相對的單位身體表面積要比其他動物小得多。牠這個缺陷，就得靠耳朵大來補救，兩扇耳朵大幅度地增加牠的散熱表面積，使牠能熬得住酷熱的天氣。

大象的一雙大耳朵，事實上不是用來增進聽覺的，那是用來散熱的。這是老天的一項特殊安排，來幫助大型動物補救過低的單位體積表面積，如果大象缺少了那對大耳朵，牠就無法有效冷卻那龐大的軀體。大象就是因爲具有超大的耳朵，大大增加了牠全身的表面積，而能夠更有效地在炎熱氣候裡驅散多餘體熱。

在生物學層面上，活著的細胞也必須因應容積成長率大過表面增加率這項自然法則。細胞透過表面的擴散作用來攝取養分，在細胞成長過程中，它的表面積雖然也在增大，但終究趕不上容積增加

率。譬如說，表面積增加成原來的四倍時，相對的體積或容積卻變成了原先的八倍，以致八倍的體重必須仰賴四倍的表面積來供輸養分，每下愈況地如此一來，必然遲早會遭逢到單細胞生長的上限，達到上限便不能再長，細胞只得另闢蹊徑，於是乎就成了我們熟知的細胞分裂，這不能說不是一件水到渠成的妙事。

　　不太妙的是大型動物從高處摔下來會產生極嚴重的後果。俗語說得好：「吃得愈胖，摔得愈痛。」的確是事實。它同樣是拜有限的相對表面積之賜。空氣對任何穿越其間的物體，都會給予阻力，但此阻力的大小，跟該物體的表面積有著密切的正面關係。當你不幸失足，從懸崖上摔了下來，你落下的加速度，由於身體表面積不大，比自由落體加速度的理論值 g 慢不到哪去，除非帶有降落傘，不可能減緩下落的速度。小動物就不然，它們本來軀體就小，因而具有足夠大的相對表面積，無需降落傘。昆蟲從樹梢摔落下來掉到地上，鮮會受傷，原因就在牠表面積對體積的比率夠大，昆蟲跟人類比起來，這項比率遠占上風。從另一個角度看，昆蟲之所以無需降落傘，正是因為牠本身的身體表面就是牠的降落傘。

　　還有一件頗有趣的現象，那就是哺乳動物的心跳速率跟身材大小有關，小地鼠的心跳速率大約是大象的二十倍。一般說來，小型哺乳動物活得步調較快，卻不免英年早逝；體型大的動物，生活悠閒，多能夠長壽。所以若你養的寵物是隻黃金鼠，絕對無法活得跟狗一般長久，牠壽終正寢時，千萬別傷心自責，因為錯不在你。更有趣的是，看來幾乎所有溫血動物都具有相同的壽命，這不是指年齡上的壽命，而是牠們一生的心跳總次數，平均都在八億次上下。只有人類例外，與身材相彷的其他動物比較，我們可多活達兩、三倍之久。

觀念摘要

許多種固體是由晶體為單位組合起來的。

◆ 晶體內的原子排列有一定秩序。

密度是固體的一項物理性質，它是單位體積裡的質量。

◆ 密度跟原子的質量以及原子間的空間配置有關。

◆ 重量密度是單位體積裡的重量。

彈性是固體的另一項物理性質。

◆ 每當有足以使其明顯變形的力，加諸於彈性固體之後又再移開，只要應變位移程度沒有超過它的彈性限度，它就會回復到原來的形狀。

◆ 根據虎克定律，在彈性限度內，物體被拉長或壓縮的距離，跟加諸於它的力的大小適成正比。

◆ 非彈性材料在一度加諸的力移除後，仍然會保持變形的模樣。

定標是探討物體的尺寸大小與其重量、力氣或強度、表面積之間的相互關係及影響。

重要名詞解釋

晶體 crystal　在固體中可以見到的規則幾何形狀，那是由該固體材料內的粒子排列成有次序的、三維空間的重複樣式。（18.1）

比重 specific gravity　一件物體的質量與同體積水的質量相比的比值。（18.2）

密度 density　物質的一種本性，等於它每單位體積的質量。（18.2）

重量密度 weight density　物體的重量除以物體的體積。（18.2）

虎克定律 Hooke's law　彈性物質伸長或壓縮的距離與施加上去的力成正比。（18.3）

非彈性的 inelastic　應用於材料上，指受過伸長或壓縮的材料不能回復到原來形狀（亦稱為塑性）。（18.3）

彈性 elasticity　固體的一種性質，當會造成變形的力作用於物體時，其形狀因而改變。等到此力消失後，物體又恢復原形。（18.3）

彈性的 elastic　應用於材料上的形容詞。在材料被拉伸或壓縮時能回復到原來形狀的能力。（18.3）

彈性限度 elastic limit　材料被拉長或受壓縮產生變形，此變形距離超過可回復原形的限度。（18.3）

壓縮 compression　力學中，將物質壓緊並使其體積減小的作用。（18.4）

定標 scaling　研究大小尺寸如何影響重量、長度和表面積之間的關係。（18.5）

借題複習

1. 在結晶性與非結晶性物質中，原子的排列有何不同？（18.1）

2. 對於一些肉眼看不出細微晶體性質的固體，我們可用什麼證據來確認？（18.1）

3. 對於眼睛看得見的晶體性固體，我們又有什麼樣的證據？（18.1）

4. 當我們把一塊質地均勻的木料一切爲二時，它的密度有什麼變化？（18.2）

5. 鈾元素是存在於自然界中的最重原子，然而，爲何金屬鈾並不是密度最大的物質？（18.2）

6. 拿一塊沈重的純金金磚跟一枚純金戒指來比較，哪個的密度要高些？（18.2）

7. 當你用手擠壓一條麵包的時候，它的質量有沒變化？體積有沒變化？又它的密度有沒變化？（18.2）

8. 質量密度與重量密度之間，有何不同？（18.2）

9. (a)說鋼材有彈性，證據何在？

　　(b)說灰泥是非彈性材料，證據又何在？（18.3）

10. 虎克定律在說什麼？（18.3）

11. 什麼是彈性限度？（18.3）

12 把2公斤質量掛在一根彈簧上，彈簧伸長了3公分，若把6公斤質量掛在同一根彈簧上，假設還未達到彈性限度，彈簧會伸長若干？（18.3）

13. 把一根鋼樑豎起來站著，它會變得稍微短些嗎？（18.4）

14. 一根支撐著負荷的水平鋼樑上，有所謂的中立層，它的位置在哪兒？（18.4）

15. 為何金屬樑材的橫斷面是I字形，而非實心的長方形？（18.4）

16. 在定標上，體重跟力氣之間有啥關聯？（18.5）

17. (a)如果把一件物體的線性尺寸放大成原來的兩倍，它的總面積
    會增加成原來的幾倍？

    (b)它的體積又會增加成原來的幾倍？（18.5）

18. 以下說法是對抑或錯：當物體的體積增加時，它的表面積也隨之
    增加，但是表面積對體積的比率則下降。請加以說明。（18.5）

19. 分別用總量同是10公克的立方冰塊與碎冰來冷卻飲料，哪種會
    快些？（18.5）

20. (a)拿一頭大象跟一隻老鼠比，誰的皮較多？

    (b)又以每單位體重分得的表皮面積來比，則誰的皮較多？
    （18.5）

想清楚，說明白

1. 同是1公斤重的鉛跟鋁，哪一樣體積較大？

2. 同是1公升重的冰跟水，哪一樣比較重？

3. 有根彈簧，每增掛1公斤就會伸長1公分，當掛上了一個8公斤
   負荷時，設若還未超過它的彈性限度，它會伸長多少？

4. 假設在前題中的彈簧旁邊加上一條完全同樣的彈簧，讓它們平均
   分擔那個8公斤的負荷，那麼它們同時伸長多少？

5. 建材中的金屬大樑，都不作與鑄造成像木質大樑一般的「實心」
   體，而是把中央部位的材料「挖薄」，使得它的橫切面呈現出一
   個英文字母I字，這樣子形狀的大樑有何優點？

6. 大樑在支撐負荷時，甚至該負荷僅只是大樑本身的重量，都會同

時產生壓縮與拉扯的應力。請用簡單示意圖，表示一個載重橫樑的例子，使其上層處於張力中，而底部則處於壓縮力中。然後再舉一例，使受到的應力與上例剛好相反，也就是上層被壓縮，而底部被拉伸。

7. 想像一個鋼鐵橋樑模型，它每個細節都是依照一座即將興建的新橋設計，以1/100的比例搭建起來的。

(a)若此模型橋樑重50牛頓（N），那麼新橋建好後，總重量該會是多少？

(b)如果此模型看來，沒有絲毫跡象會被它自己的重量壓彎變形，是否可依此斷言，新橋建好後，同樣也不會被它自己的重量壓彎？試解釋之。

8. 假如你把一批做小糕點的小麵糊團，誤當成是一整個蛋糕的麵糊團，送進了烤箱，並遵照烘焙整個蛋糕的溫度跟時間來加熱處理，你想結果會怎樣？

9. 試用本章裡介紹的定標來解釋，為什麼生活在炎熱非洲沙漠地區的土著，多數長得既高且瘦，而北極地區的土著，卻總是又矮又壯。（提示：一根伸直了的金屬線，比起把它捲成一球時，冷卻起來要快速得多。）

10. 動物的皮膚表面會散失熱量。為了保暖，所有動物都需要不斷地消耗體能，在老鼠等小型動物身上，這項能量耗損所占全部體能的分量，遠比在大象之類大動物身上要多得多。此乃牠們身上熱能喪失的速率不同，而有以致之。那麼為何小動物喪失熱量的速率，比起大動物來快了許多？

第 19 章

液　體

太陽系的行星中，我們居住的地球是最獨特的一顆。它的大部分表面由液體覆蓋著，那就是充滿著液態 H_2O 的海洋。地球若是稍微靠近太陽一點點，海洋裡的水就可能全部汽化；若是稍稍離開得遠些，那麼就不只是有如現在僅限於兩個極地，而是整個地球表面都會覆蓋著堅硬的厚冰。所以地球所處的位置，對咱們地球居民來說可說是恰到好處。

在液態相裡，各個分子彼此之間都能夠交錯滑過，自由流向任何方向，因而液體本身無固定體形，只得順應其外容器的形狀，遇方則方，遇圓則圓。

19.1　液壓

　　容器裡的液體，對跟它接觸的容器四壁與底部，會產生一種作用力。為了便於探討液體與位於其外、而局限它的面其間的互動關係，我們得先談談「壓力」（壓力強度）這個概念。你還記得不？在《觀念物理》第1冊第5章內，我們曾把壓力定義為：對一個面產生的每單位面積作用力。以式子表示則是：

$$壓力 = \frac{力}{面積}$$

　　壓力的計算，可以用任何單位的力除以任何單位的面積。然而為了便利大家互相溝通，近來多使用國際單位制（SI），其中的壓力標準單位，被訂定為每平方公尺牛頓數，又稱「巴斯卡」，以符號巴斯卡代表。它之所以如此命名，是紀念十七世紀偉大的神學家與科學家巴斯卡（Blaise Pascal, 1623-1662）。不過1巴斯卡（Pa）的壓力非常之小，只約莫相當於平躺在桌上的一張紙幣給其下桌面帶來的壓力。科學上一般遇到的壓力多比這個要大許多，因而比較實用的單位是千巴（kPa），而1千巴 ＝ 1000 巴斯卡。

　　把一塊方磚放在桌面上，方磚對接觸到它的桌面所加諸的壓力，就等於方磚的重量除以兩者接觸的面積。同理，圖19.1中圓柱狀容器內的液體，對容器底部所加諸的壓力，等於液體的重量除以容器底部的面積。事實上，容器底部所承受總共的壓力，並不只限於液體本身所加諸的壓力，另外還有來自大氣的壓力。因此我們不能把液體加諸底部的壓力，與容器底部所承受的壓力混為一談。若只談加諸的壓力，則大氣的影響在此可暫時略去不提。

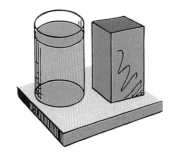

▲圖 19.1
液體對容器底部所加的壓力，其實跟方磚加諸於桌面的壓力沒有兩樣。

如前所述，液體對容器底部所產生的壓力，跟液體的重量有
關；而液體的重量，乃取決於它的密度。讓我們拿出兩個同樣的容
器來，一個裡面注入水銀，另一個則裝填以水，都到同樣的深度。
對於深度相同的不同液體來說，誰的密度比較大，誰產生的壓力就
比較大。水銀的密度是水的 13.6 倍，若以同樣體積來比較，水銀的
重量是水的 13.6 倍，對容器底部產生的壓力，源自水銀的也是水壓
的 13.6 倍。

對密度相同的液體，則壓力只跟液體的深度有關，深度愈大，
它對底部產生的壓力就愈大。圖 19.2 裡有兩個容器，第一個容器內
的液體深度，相當於第二個容器內液體深度的兩倍，它們跟圖中另
一對搭檔：兩塊方磚上下重疊與單塊方磚，情況沒啥兩樣。也就是
說，第一個容器內液體對其底部加諸的壓力，相當於第二個容器底
部液壓的兩倍。

圖 19.2 ▶
圖右疊起來的兩塊方磚加諸桌面
的壓力，是單獨一塊方磚所施壓
力的兩倍。同樣地，圖左第一個
容器內的液體，其深度是第二個
容器內液體的兩倍；前者對容器
底部的壓力，相當於後者底部液
壓的兩倍。

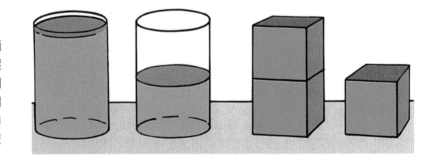

此處涉及一個非常重要的概念，那就是液體在靜止狀況時，它
對底面產生的壓力，全靠該液體的密度和深度兩項因素來決定。容
器的形狀和底部面積的大小，則不會造成任何影響。另外液體的體
積，除了會隨著溫度變化而有所脹縮之外，在溫度固定不變時，它

的體積對外來壓力可說是無動於衷。亦即它的密度不會在不同深度，亦即壓力不同時，而有所差異。總之，在某一深度下的液體壓力，可以下面等式表示之：

$$液壓 = 重量密度 \times 深度$$

這個等式是從壓力跟密度的定義演繹出來的。讓我們想想，對一個裝有液體的容器，其底面受到由液體施加的壓力，應該是來自容器底面正上方液柱的重量。按照定義，重量密度等於重量除以體積，倒過來說，液體的重量也就等於重量密度乘上液柱的體積。而液柱的體積，無非是底面積與液體深度的乘積。綜合以上可得：

$$壓力 = \frac{力}{面積} = \frac{重量}{面積} = \frac{重量密度 \times 體積}{面積}$$

$$= \frac{重量密度 \times 面積 \times 深度}{面積}$$

$$= 重量密度 \times 深度$$

物理 DIY

觀察血壓

當你讓雙臂下垂，注意你手背上的靜脈，它們會變得比較凸顯一些。你還可以彎下腰，進一步降低雙手對身體的相對位置，甚至以雙手撐著地倒立，靜脈凸顯就會更加明確。最後你將雙手高舉過頭，然後觀察手背上的靜脈，看看有何不同。這就是「壓力取決於深度」的一個實際例子。另外，你可曾奇怪過，我們為何總是在上臂處，即與心臟同高的地方，量取血壓？

事實上，在某一定深度，液體對存在於該深度的任何一個表面，無論方向如何，都施予同樣的壓力，不單是剛巧位於那個深度的容器底面而已。在同一深度處的邊牆，也感受到同樣大的壓力。甚至浸在液體中其他物體的任何表面部分，只要是深度一致，就受到同樣大的壓力。總而言之，液壓僅只隨著液體的密度與深度變化，並且沒有方向差別。

如果你用手掌按著一個表面使力，而另有一位人士按著你的手背，也朝同一方向使勁，那塊表面所受到的壓力當然比由你一個人使勁時要大。同樣的道理，液體表面也受到大氣壓，所以液體裡某一點上的總壓力，除了等於重量密度×深度的液壓外，還得加上大氣壓。不過由於在我們周遭環境裡，橫豎都受到無所不在的大氣壓，所以除非我們特意要凸顯大氣壓，或是當大氣壓這部分有所改變，而對整個大局發生重要影響時，使我們不得不把大氣壓考慮進來，那時我們會改以「總壓力」來稱呼，以示區別。否則為了簡化，我們一般都把大氣壓撇開，只討論其他壓力。下一章裡，我們還會提到更多有關大氣壓的事。

你可能完全沒有料到，液壓根本就跟液體量的多寡無關。不管是它的體積、抑或它的重量，對液壓全無影響！比方說，你若去一個大湖裡測量1公尺水深處的壓力，再到一個小池子裡測量1公尺水深處的壓力，你測到的壓力會是無分軒輊、完全一樣的。

那麼你測到的壓力，究竟是多少呢？淡水密度是每立方公分1公克，換算成國際單位制，等於每立方公尺1000公斤。由於1公斤的重量，相當於9.8牛頓的力，1000公斤也就等於9800牛頓，所以淡水的重量密度等於每立方公尺9800牛頓，或寫成9800 牛頓／公尺[3]。池子或大湖裡的水壓，都等於淡水重量密度與水深的乘積，於是

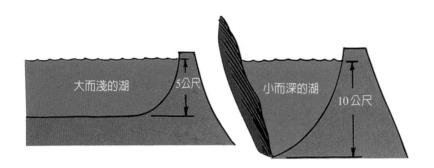

◀圖 19.3
湖泊愈深,底部水壓愈大,此與湖泊蓄水量無關。圖右築在深湖旁的水壩,即使湖小水少,比起圖左大湖旁的淺水壩來,所承受的平均壓力較大。

在 1 公尺水深處,水壓都等於(9800 牛頓/公尺^3)×(1 公尺)= 9800 牛頓/公尺^2。在國際單位制裡,壓力的基本單位叫做巴斯卡,而 1 巴斯卡 = 1 牛頓/公尺^2,所以你量得的水壓應是 9800 巴斯卡,若換算成常用的千巴單位,則是 9.8 千巴。如果換成是海水,此數值就變成了 10 千巴,因為海水的重量密度是 10000 牛頓/公尺^3。注意在所有情況下,我們若要談總壓力,就另外得加上大氣壓 101.3 千巴。

建築水壩,應考慮到它日後可能承受的最大壓力,該壓力僅取決於攔水壩後的「最深水位」,而與水壩的蓄水量無關(見圖 19.3)。

水壓僅跟水深有關,而不受水的體積所影響,此事實可巧妙地由所謂「巴斯卡水瓶」來證明(見圖 19.4)。注意圖中所有相連而形

◀圖 19.4
無論容器的外形有多大的變化,是多麼地不同,只要在液面下的深度相同,任何點的液壓總歸都相等。

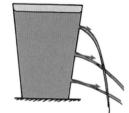

▲圖19.5

（上）在液體中，作用在同一表面的同一點上，有許多方向不同的力，但它們在相互局部抵消之後，成為一個淨壓力，方向正好垂直於該點處的表面。

（下）穿孔而出的液體，其最初的射向與洞孔所在的表面垂直。

狀各不相同的水瓶內，都有著相同的水面高度。唯有在水面下同一深度水壓相等的條件成立，這樣子的靜態現象才會發生。也就是說，每支水瓶底部的水壓必然相等，否則液體就會從壓力較大的一方，流向壓力較小的一方，直到雙方壓力平衡為止。這就是為何我們說：「水面會自動調整，保持水平。」

在液體內的任何一點，由各個外力加起來所造成的壓力，其實是沒有方向性的，也就是朝任何方向的力道都相等。比方說，當你在潛水的時候，不論你把頭如何扭轉，向著哪個方向，你都不會感覺到耳朵上所受到的壓力有任何變化。

當液體緊貼著一個表面，該表面就會受到來自液體、方向與該表面垂直的淨壓力（見圖19.5之上圖）。如果該表面上正好有一個小孔，液體在壓力的驅使下，就會穿孔而出。初開始，會朝與表面垂直的方向射出（見圖19.5之下圖），當然，隨後由於地心引力的關係，射出的液體會往下方彎曲，不過彎曲的程度與洞口所在位置有關，洞口所在的位置愈低，因淨壓力愈大，液體射出的水平方向速度也就愈快。

❓ Question

1. 洗澡缸內放有30公分深的水，水罐裡也有35公分深的水，那麼洗澡缸底的壓力是否比水罐底的壓力大？

2. 有位砌磚師傅，在建築物前面完成了一堵磚牆之後，希望在同一建築物後面，也砌起另一堵同樣高度的磚牆。他手邊只有一根澆花用的水管跟自來水，如何能量出他需要的正確高度來？

Ⓐ Answer

1. 由於水罐裡面的水較深，水罐底的壓力較大。洗澡缸內的水量雖多得多，但水量跟壓力無關。

2. 要量出同樣的高度，他可以把那根澆花水管一端豎起並固定好在磚牆上，而把另一端拉到建築物後面，同樣豎起並固定。然後在水管裡加水，直到水管前端裡的水位，到達磚牆同樣高度即可。由於任何相連的水容器會自動調整水平，此時水管另一端裡面的水面位置，也會停止在與前面磚牆同樣的高度。

19.2　浮力

　　如果你曾經動手，把沈在水裡的物體搬出水面的話，你一定不會對「浮力」這玩意兒感到陌生。它指的是當物體在沒入液體時，會明顯地喪失掉的一些重量。當我們把河水下、河床上的大石塊取出來時，在水面下搬運比在水面上要容易得多，原因是石塊沒在水中時，水會給予它一個與重力方向相反的力，這個向上的力就叫做浮力。

　　瞧瞧圖 19.6，你就會明瞭浮力究竟從何而來。圖中的箭頭，表示液體對沈潛其中的大石塊其上各處產生的壓力，這些壓力都跟液體的深度有關，即愈深的地方，壓力愈大。而在任何同一個深度、水平方向壓力都相等，方向牴觸的，相互抵消，因而石塊上沒有橫向淨力，不會被推向任何一邊。但是作用在石塊上、下方向的力卻不是一樣大。向上的壓力，作用在石塊的底部，該處水最深，因而

▲ 圖 19.6
一個浸泡在液體內的物體，作用在底部的向上壓力，比作用在頂端的向下壓力要大一些。兩者經過部分抵消後，剩下的為一股向上淨力，也就是浮力。

圖 19.7▶
當一物浸入水中時，所取代的水
體積，跟它本身的體積一樣。

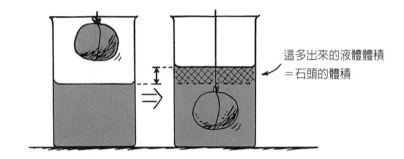

這多出來的液體體積
＝石頭的體積

力最大。向下的壓力，則多作用在石塊的頂端，該處水淺，因而力
較小。向上跟向下之間的淨力，就是浮力。

　　當液體對浸在其中某物體的浮力，小於該物原有重量時，該物
就會一直下沈，到達液體的最底端。若是浮力等於物體的重量時，
該物就會不上不下，停留在原來的深度，如魚一般。若是浮力大過
物體的重量，則該物就會上升，到達液體表面、並浮在表面上。

　　為了進一步了解浮力，可想想把一件物體放置在水中後，還會
發生哪些事情。當我們把一塊石頭放進了水裡面，水面會上升（見
圖 19.7）。我們說，那是因為一部分水被石頭取代、或是推開、排開
到一邊去了。稍微推敲一下，我們就能夠理解到，被取代的水，它
的體積一定跟石頭的體積一樣大。所以說：「一個完全浸在液體內
的物體，會取代掉與它同體積的液體。」

圖 19.8▶
當我們把一件物體，逐漸完全浸
入一個原先載滿液體的容器內，
過程中溢出來的液體與該件物體
有著同樣的體積。

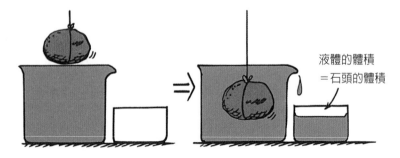

液體的體積
＝石頭的體積

對形狀不規則的物體，這現象提供了我們一個測量體積的好方法。只要把該物浸入一個載有水的量杯裡，看看水面上升了多少，這前後體積上的差異，就是該物的體積。這個方法，在決定外形上不圓不方、毫無章法的物體，諸如天然的石塊之類的密度時，非常方便好用。

19.3　阿基米德原理

浮力與被取代液體之間的關係，早在公元前三世紀時，就被古希臘哲學家阿基米德（Archimedes, 西元前約287-212）發現了，說法是這樣子的：

物體浸泡在流體內所得到的浮力，等於它所取代的流體重量。

這項關係被稱爲「阿基米德原理」。它同樣適用於液體與氣體兩種流體。

「浸泡」可指物體的全部、或僅一部分浸入流體的意思。譬如說，我們可把一個大小 1 公升的密封容器，一半浸泡在水中，如此它僅取代了半公升的水，也就只得到 0.5 公升水重的浮力。如果我們把它全部浸泡在水中，亦即讓它沈潛在水裡，它得到的浮力就相當於 1 公升水的重量，也就是 9.8 牛頓。除非這個沈潛在水裡的容器，抵抗不住水裡的壓力，發生變形而縮小，否則它在任何深度所得到的浮力，都同樣是 1 公升水的重量。此話怎麼說呢？原來水的體積，不會因外在壓力的改變而發生增減。1 公升的水在水面下很深的地方，雖然所受壓力很大，但它的重量，仍然跟水面附近的 1 公升水相差無

▲圖 19.9
1 公升水占有 1000 立方公分的體積，它的質量是 1 公斤，重量是 9.8 牛頓。因而任何體積爲 1 公升的物體沈浸在水中時，都會感受到 9.8 牛頓的浮力。

圖 19.10 ▶
磚頭在水裡比在空氣裡輕。水對磚頭的浮力，等於磚頭所取代了的水重。也就是磚頭在浸入水中減輕掉的重量，剛好跟它取代、排除掉、且流入小容器的水重相等，同為 2 牛頓。而它在水中的視重量，等於它在空氣中的重量減去了水中浮力，也就是 3 牛頓 — 2 牛頓 = 1 牛頓。

幾，大約都是 9.8 牛頓。由於該容器無論沈潛在哪個深度，所得到的浮力，恆等於在那個深度 1 公升水的重量，既然後者與深度沒啥關係，容器得到的浮力也就不會隨著深度變化而有所不同了。大家務必記清楚，浮力是物體所取代了的水的重量，而不是該物體在水中的重量。

一塊質量 300 公克的磚頭，在空氣中重約 3 牛頓。設若將此磚頭沈潛到水裡，會取代 2 牛頓重的水（見圖 19.10），由而此磚頭在水中所得到的浮力亦為 2 牛頓，於是磚頭在水中的視重量，等於它在空氣中的重量減去水給它的浮力，也就是 1 牛頓。所以，浸泡物的視重量，等於該物在空氣中的重量減去浸泡流體給它的浮力。

你的老師可能會利用一個帶數據的例子，來證明浸在水中的一塊木塊上，水壓從木塊底部向上推的力，減去從木塊頂端向下壓的力，剛好等於被取代了的液體重量。他用此例來概括說明阿基米德原理。而且只要是整個木塊都浸在水裡，木塊上方的水有多深多淺，並沒有任何影響。為什麼呢？雖然在很深的水裡，壓力都會變得很大，但是木塊底部和頂上所受到的壓力差，即使在不同深度，都全然一樣（見圖 19.11）。而且不論浸泡在水裡的物體在形態上有多怪異，浮力恆等於被它取代了的水重。

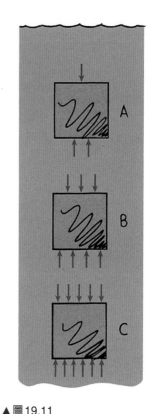

▲圖 19.11
在任何不同深度處,液體對同一
沈潛其中的木塊,向上及向下的
壓力之差總是相同。

❓ Question

1. 有個體積為 1 公升的容器,裡面裝滿水銀,它的總共質
   量為 13.6 公斤,重 133 牛頓。當它沈潛在水中時,水對
   它產生的浮力是若干?

2. 如同圖 19.11 所示,我們把同一木塊,分別懸在水中的
   A、B、C 三個不同位置,它所受到的浮力,以在哪個
   位置時為最大?

3. 把一塊石頭丟進一個很深的湖,當石頭往湖裡更深處
   一路沈下去時,水對它的浮力是在不斷增加、減少、
   抑或是一直保持不變?

❹ Answer

1. 因為該容器所取代的水,體積是 1 公升,它得到的浮力等於 1
   公升的水重,約為 10 牛頓。水銀的質量跟重量,與浮力完全
   無關,1 公升體積的任何物體浸入水裡後,所受到水給的向
   上浮力,都是同樣約為 10 牛頓。從另一個角度來看,當該容
   器浸入水中後,它把 1 公升的水從它原先占有的位置推了開
   去。根據牛頓的作用力等於反作用力定律,水對該容器反推
   的力,就當然等於已被推開的 1 公升水重。如果該容器有著
   兩倍的體積,那麼它會取代掉 2 公升的水,而得到與 2 公升水
   重相同的浮力。要弄清楚浮力背後涉及的概念,最好的辦
   法,是多想像實際現象,這也就是本書一再強調的理念。

2. 圖中三個位置的浮力都一樣。為什麼呢?原委是位置雖然各
   異,它所取代的水體積卻都相同,而浮力跟它取代的水重相
   等。無論是處於 A、B 或 C 哪個位置,與它體積相同的水重
   量全都一樣。

3. 從前一題答案中知道,石頭取代的水體積,一路下去都相

同,由於水不會被壓縮,亦即它的密度不因深度變化而有所改變,也就是在任何深度,同體積的水重量不變。因此,該石頭在沈入湖底的過程中,湖水對它的浮力一直維持不變。

地質中的物理

浮動的山

正如同浮動的冰山,絕大部分的冰藏在水面以下一樣,一座山的大部分也是埋在地表的下面。而且山也會「浮動」哩!一座山,大約只有15%是凸出於它周圍的地面之上,其餘部分則延伸進入到地殼深處,坐落在稠密的半液態地函上。如果我們把冰山的山頂削掉一些,那麼這座冰山的重量會因之減輕,整座冰山也會因而浮起來一些。同理,當山頭部分遭到風化作用,消蝕減少的時候,整座山也會逐漸向上浮起。難怪雖然經年被風吹雨打,要整座山消失不見,還眞不容易。因為在山頂逐漸消蝕不見的同時,地表下的部分不斷上推,使得整座山上浮。所以當山頂上消蝕掉一英里高的時候,其他85%的山會讓它又長了回來。

19.4 它是沈,還是浮?

前段裡我們學到,沈潛於流體內的物體所得到的浮力大小,直接與該物體的體積有關,較小物體取代較少量的水,因而得到的浮力較小。相反地,較大物體取代較多量的水,因而得到的浮力也較

大。請再次記住，任何沈潛物體所得到的浮力，只由它的體積決定，與它的重量沒有關係，一般人常常會搞不清楚。

到目前為止，我們的注意焦點，還都集中在被取代的流體重量上，而沒提到沈潛物體本身的重量。現在讓我們來看看後者所扮演的角色。

一件物體之所以會沈、會浮或是既不沈也不浮，全得看它從流體獲得的向上浮力，與它本來具有的向下重力之間的差別。我們只要仔細端詳一下，就不難推論出，如果浮力剛好等於它原來的重量，這個完全沈潛水中物體的重量，必定與被它取代掉的水重相等，而該物體與被它取代的水，在體積上也應一致；所以該物體的密度，必定與水的密度一樣。

這個現象發生在魚兒身上，所有魚兒的身體密度，跟水的密度

▶ **物理 DIY**

觸摸水

把一個裝滿水的燒杯，放置在一台天平秤上，再將該秤調整歸零。在動手之前，先讀完以下文字，並仔細想想。

如果你用手指頭輕輕觸摸水面，這秤會發生什麼事情？假如你用手指頭向下推水，即使用的力非常輕緩，秤的讀數會不會記錄下這個「推」的動作？你向水面的推力，是否會依次序傳遞給燒杯，再傳給其下的秤？指頭取代了一些水，是不是會使得燒杯裡的水，稍稍變深了一點？而稍深的水，是否會使得燒杯底部的水壓變得稍大？這變大了的壓力，會傳遞到秤上去嗎？先各自去想想，大家再互相討論一下，然後才動手試驗，看看結果是否跟想像的一樣。

▲圖 19.12
木材浮在水面上，是由於它的密度比水小。石塊沈到水底，是因為它的密度比水大。魚兒既不浮也不沈，是因為它有著與水同樣的密度。

不相上下，這方面魚兒跟水「一致」，所以魚兒既不沈也不浮。如果魚兒用了什麼辦法，使得身體膨脹起來，牠的密度隨即降了下來，變得比水的密度低，就會浮到水面上來。如果魚兒吞下一塊石頭，變得比水的密度大，牠就會下沈到水底。

以上這些，可以歸納成以下三個簡單的法則：

1. 凡比起浸泡它的流體，密度較高的物體會下沈。
2. 密度較流體低的物體會上浮。
3. 雙方密度相同時，則該物體既不下沈，也不上浮。

根據這些法則，我們對那些無法使自己浮到水面上的人，還能說些什麼呢？問題的關鍵，無非是他們身體密度過大。蠻有意思的是，在水裡浮不起來的人，十個裡面有九個是男子。大多數男子因為肌肉比較多，長得比女子結實些，密度因而稍大。若是想要變得容易浮起來，你必須降低身體的密度。又由於重量密度等於重量除以體積，所以你也可以從後兩者單方面著手，只設法減輕體重，或是只增加身體的體積。譬如大大地吸一口氣，把肺充滿，就可以暫時增加你的體積。在降低密度這方面，穿救生衣的效果就要好得太多，它能夠大幅度增加你的體積，而增加不了多少你的體重。

潛水艇是靠著壓艙水箱，把水注入或排出，來調節它的重量，以達到所需要的平均密度。魚兒則是利用擴張及收縮魚鰾的辦法，改變身體體積。增大體積（即降低密度）使牠往上移動，而縮減體積（增加密度）可使牠往下沈。鱷魚則是利用吞嚥石頭的方法，來增大牠的密度，我們發現，在大型鱷魚的胃部前端，塞著 4 到 5 公斤的石頭。在密度增大後，鱷魚游在水裡，能夠潛行得更低，暴露在水面上的部分更少，因而較不容易被牠的獵物發覺。

◀圖19.13
左邊是一隻普通鱷魚，在水中向你游來。右邊則是一隻滿肚子石頭的鱷魚，在水中向你游來。

② Question

我們知道，如果魚兒使自己密度變大，就會下沈；一旦密度變小，就會上浮。就浮力的觀點來說，為何會如此？

④ Answer

魚兒為增大身體密度，減縮自己的體積，牠因而取代掉較少量的水，而浮力減小。當牠為了降低密度而膨脹時，它取代了較多量的水，因而浮力增加。

19.5　漂浮

早期的人們用木料造船。他們可曾經想像過用鐵打造船嗎？我們不清楚。鐵能浮在水面上這個想法，大概曾讓人們認為不可思議。但是今天的我們，卻不難了解為何鐵製的船能浮起來。

先讓咱們想想一塊1噸重的實心鐵。鐵的密度幾乎是水的8倍，

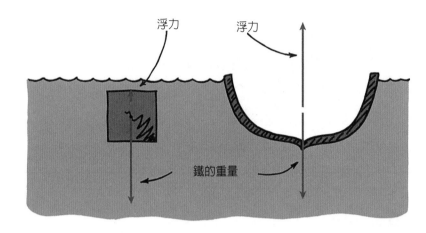

圖 19.14▶
實心鐵塊在水裡，鐵定會下沈。
但是若把這塊鐵的外形，打造成
能夠占有原來鐵塊八倍以上的體
積，這塊鐵就能夠浮在水面上。

所以把它浸在水裡時，它只能排開 1/8 噸重的水，它從水方面得到的浮力，遠不足以阻止它繼續下沈。假如我們替這塊鐵整形，把它改塑成圖 19.14 中所示的大碗，這個鐵碗仍舊重達 1 噸。如果把此鐵碗放到一個夠大夠深的水泊裡，它顯然能比先前的實心鐵塊排開更多的水，這鐵碗浸泡得愈深，排開的水量愈多，水對鐵碗產生的浮力也就愈大。當排開的水重，到達與鐵碗重量相等時，這鐵碗便不再下沈。此時由於水賦予它的浮力抵消了它的重量，使得它能夠浮在水面上。

以上便是所謂「浮力原理」的一例。此原理是說：

在流體表面上浮著的物體，有著與它排開的流體同樣的重量。

（請注意上面這段文字裡所說的，是泛指流體，而非只限於液體，下一章裡我們將證明，這原理可同樣適用於氣體。）

每隻船在設計上，必須得讓它有足夠的排水量來抵消船重。於是一艘 10,000 噸重的船，必須建造得夠寬廣，在它吃水還未太深之前，即能夠排開 10,000 噸重的水。

◀圖19.15
浮在水面上物體的重量,與該物浸在水面下部分所取代或排開的水重相等。

　　現在請想一想,在水面下航行的潛水艇,如果它排開的水重大於艇重,則艇會上浮,相反則下沈。若是兩邊剛好相等,它就會不升不降地維持在水下同一深度。由於水的密度會隨著它的溫度而小幅度變化,所以潛水艇在大海裡潛航時,不得不隨著水溫變化時時調整密度。我們將在下一章裡學到,熱氣球也得遵守同樣的準則。

▲圖19.17
同一艘船在空船與滿載時的個別情況。兩者排水量之間的差異,與它滿載時所承載的貨物總重量,比較起來如何?

❓ Question

請在以下論點的空白處,填入正確的字眼。

1. 沈潛物的體積,等於它所取代液體的 _____。
2. 浮物的重量,等於它所排開液體的 _____。

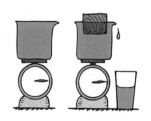

▲圖19.16
浮著的物體,會排開與它重量相同的水。

1. 體積。
2. 重量。

19.6 巴斯卡原理

用根棍子去頂牆壁，我們是以「遙控」方式間接對牆壁施壓。妙的是，我們可以用流體替代棍子，去做同樣的事情。流體中任何部分一旦發生壓力變化，這個變化即刻就會傳播到流體的其他每個部分。譬如一個城市的自來水系統，若是在抽水站把壓力增加10個壓力單位，只要系統中水靜止不動，則整個系統管線中任何一點的壓力，都一樣增加10個單位。這個叫做「巴斯卡原理」的法則是：

> 在與外界隔絕的靜態流體中，任何一點上的壓力改變，都
> 會不折不扣地傳遞到流體中所有其他各點，且此壓力無方
> 向上的差異。

巴斯卡原理即是由巴斯卡最先發現的。水壓機就是巴斯卡原理的一種實用設計，如果你依照圖19.18所示，把一個U形管內注入水，兩端水面上各自裝置一個不讓水通過、但能在管中自由上下移動的活塞，如此則加諸於左邊活塞上的壓力，會經過整個液體傳遞到右邊，作用到右邊活塞的底部。而左邊活塞加諸於水的壓力，跟水加諸於右邊活塞的壓力，只要雙方界面高度一致，則完全相同。

這點初看起來，好像沒啥稀奇，但是如果你把右邊的管子做得粗大一些，然後配上一個大面積的活塞，得到的結果就會叫人非常

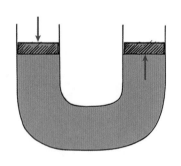

▲圖 19.18
加諸在左邊活塞上的力，普遍增加了液體內的壓力，並且傳遞到右邊的活塞上。

吃驚了。像圖 19.19 所示，左邊的活塞有著僅 1 平方公分的面積，而右邊的活塞，面積擴大，成為 50 平方公分。假如左邊活塞上放了個 1 牛頓的砝碼，於是這另加的每平方公分 1 牛頓（ $1N/cm^2$ ）壓力，會透過液體傳遞到大活塞上。此時，就可以看出力跟壓力的不同了。那每平方公分 1 牛頓的外加壓力，會作用到大活塞上的「每一個」平方公分面積上。由於它的總面積是 50 平方公分，以致於加諸於整個活塞的全部施力成了 50 牛頓，亦即大活塞上能支持一個 50 牛頓重的砝碼，那可是小活塞負荷的五十倍哩！

　　利用此種設計，我們便能把力加大許多倍，這真是非常了不起的發現！有如剛才的例子，我們以 1 牛頓的輸入力，換得了 50 牛頓的輸出力。若繼續增加大活塞的面積，或是縮小小活塞的面積，我們能夠把力增大成原先的任何倍數。這就是水壓機的由來，它的背後根據就是巴斯卡原理。

　　水壓機並不違背能量守恆，因為它在力方面的增加，被實際移動距離上的縮短所彌補。當上例中的小活塞朝下移動了 10 公分時，大活塞只能朝上移動同樣距離的五十分之一，也就是 0.2 公分而已。它跟槓桿非常相像，同樣是輸入力乘上輸入方的移動距離，等於輸出力乘上輸出方的位移距離。這水壓機只是一種「機器」，跟我們在《觀念物理》第 1 冊第 8 章中討論過的，非常相像。

　　巴斯卡原理適用於包括氣體與液體的所有流體。一個根據巴斯卡原理、而同時運用到氣體和液體的代表性例子，是我們在汽車修理站常見到的千斤頂（見圖 19.20）。被壓縮的空氣把壓力加諸於一個地下貯油槽裡的油料上，油料把壓力傳送到一個機筒內，由此機筒的運作，便將汽車舉了起來。機筒內推動活塞的強大推力，來源不過是給汽車輪胎打氣的微弱空氣壓力而已。把每平方英寸數磅、

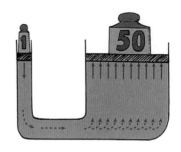

▲圖 19.19
左邊活塞上 1 牛頓的負荷力，可以支撐住右邊活塞上 50 牛頓的重力。

圖 19.20 ▶
汽車修理站內巴斯卡原理的應用。

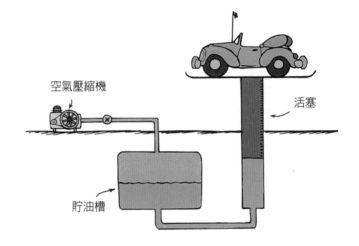

空氣壓縮機

活塞

貯油槽

不甚起眼的壓力，施展到大面積上，就會產生一股能扛起數噸重汽車的了不起力量。

❓ Question

如圖 19.20 中所示，汽車正被舉了起來，此時貯油槽裡油料表面高度的升降變化，跟汽車被舉起來的距離，比較起來有何差異？

Ⓐ Answer

汽車被舉起來的距離，比起油槽裡油料表面降落的距離，要大得很多。此乃由於機筒內活塞的面積，遠小於貯油槽裡的油料表面積。

觀念一把抓

觀念摘要

壓力是當一股力對一個面運作時，每一單位面積上所分得的力。又稱為壓強，或壓力強度。

◆ 撇開重力的影響，液體內所有點上的壓力全部相同，所有方向上的壓力也都相同。

◆ 在重力的影響下，液體內任何一點上由重力產生的壓力，跟該液體的密度乘上該點位於液體表面下的深度，所得之積成正比。

◆ 液體的總壓力，是液體本身由重力產生的壓力加上液體上方空氣的壓力。

浮力是指物體浸泡在流體中，表觀上喪失掉的重量。

◆ 被浸泡的物體，取代了浸泡它的流體的原先位置。

◆ 完全被浸沈的物體，取代了與它相同體積的流體。

◆ 根據阿基米德原理，被浸泡的物體得到的浮力，跟它所取代或排開的流體重量一樣。

◆ 當物體的密度比浸泡它的流體的密度大時，該物體會往下沈。

◆ 當物體的密度比浸泡它的流體的密度小時，它會浮在流體表面上。

◆ 當物體的密度跟浸泡它的流體的密度一樣時，它會保持懸浮在流體裡面，既不下沈，也不上浮。

◆浮在流體表面上的物體所排開的流體重量，等於該物體的原本重量。

　　根據巴斯卡原理，在與外界隔絕的靜態流體中，任何一點上的壓力改變，都會原封不動地傳遞到流體中所有其他各點，且此壓力無方向上的差異。

　　◆由巴斯卡原理發展出來的水壓機，可用來倍增壓力。

重要名詞解釋

浮力　buoyancy force　物體於浸在或沈入液體時所受到該液體的向上作用力。（19.2）

排水量　displacement　指物體浸在液體中將液體排開的量，沈入液體中的物體必定將與它體積相等的液體排開。（19.2）

阿基米德原理　Archimedes' principle　浮力與排開的液體之間的關係：浸在液體中的物體，它所受到的浮力等於它所排開液體的重量。（19.3）

浮力原理　principle of flotation　浮在液體上的物體，它的原來重量等於它所排開該液體的重量。（19.5）

巴斯卡原理　Pascal's principle　密閉容器內的靜止流體中，任何一點上的壓力改變時，會把同等強度的壓力傳送到流體中所有的點，作用的方向則指向四面八方。（19.6）

借題複習

1. 試說明壓力跟力的區別。（19.1）

2. 液壓跟液體深度之間有啥關係？液壓跟密度之間又有啥關係？
   （19.1）

3. (a)略過海上的大氣壓不算，當潛水艇沈往目前深度的兩倍時，
   它表面受到的壓力會改變多少？
   (b)如果該潛水艇也在淡水中行駛，在同樣深度下，它所受到的
   壓力，比起在海水中感受到的要大些、抑或小些？（19.1）

4. 小水池內，水面下1公尺深處的水壓，跟一片汪洋湖泊內1公尺
   深處的水壓，比起來如何？（19.1）

5. 如果你把一個洋鐵罐上面扎了一個小孔，再把罐子浸泡在水中，
   讓水經過小孔噴進罐裡，那小孔處的水流方向如何？（19.1）

6. 對浸泡在水中的物體，為何浮力方向總是朝上？（19.2）

7. 水對魚兒所產生的浮力，跟魚兒的重量比較如何？（19.2）

8. 為何水對浸泡在水中物體的浮力，不會有橫向作用？（19.2）

9. 完全浸沈在水中的物體，它的體積跟它所取代了的水體積，比較
   起來如何？（19.2）

10. 當我們說物體浸泡在水中時，意思是指它完全沈潛在水中？還是
    部分沈浸在水中？「浸泡」一詞，是否僅指以上兩種情況之一而
    已？（19.3）

11. 水1公升的質量是多少公斤？它的重量是多少牛頓？（19.3）

12. (a)沈潛於水中的物體所受到浮力，是依據物體本身的重量呢？
    還是它所取代或排開的水重？
    (b)浮力是跟物體本身的重量，抑或與它的體積有關？（19.3）

13. 當沈潛水中的物體所受到浮力，與該物體重量相等時，該物之密度比起水來如何？（19.4）

14. 當沈潛水中物體所受到的浮力，較該物體重量大時，那麼該物之密度比起水來如何？（19.4）

15. 當沈潛水中物體所受到的浮力，較該物體重量小時，該物之密度比起水來又如何？（19.4）

16. (a)人如何控制潛水艇的密度？

    (b)魚兒如何控制自己的密度？（19.4）

17. 浮在流體表面上的物體所受到的浮力，是依據該物體本身的重量呢？還是它所取代或排開的流體重量？又在物體浮在流體表面上的特殊情況下，這兩者是否正好相同？（19.5）

18. 一艘重100公噸的船舶，它所受到的浮力若干？為求簡便起見，作答時可用公噸為力的單位。（19.5）

19. 根據巴斯卡原理，當你對一個閉鎖的流體系統內某一部分增加壓力時，該系統內所有其他部分的壓力，會出現什麼狀況？（19.6）

20. 如果把一具水壓機內的壓力增加10牛頓／公分^2，那麼一個截面積為50平方公分的活塞上，可支撐多少負荷？（19.6）

課後實驗

1. 把一枚蛋放進自來水裡，看看它是否會浮上水面來。然後在水裡加鹽，一直加到蛋浮了上來為止。請問蛋的密度跟自來水的密度比較如何？跟鹽水的比較又如何？

2. 參照附圖製作一個浮沈子。先把大的軟壁塑膠瓶裡充滿水，小藥

瓶裡只部分加水，目的是讓它蓋上蓋子後，能夠勉強浮在水面上。然後把它倒轉過來，口朝下，放進大瓶子中。經過再度確定，浮沈子只能剛好浮在水面上後，緊緊蓋上大瓶子的蓋子，使它完全密封不透氣。一切做好之後，用雙手擠壓大瓶子的外壁，你會發現其中的小藥瓶會向下沈。隨後若放開手，小藥瓶又會回升，回到原來的位置。試著以不同的手法跟力道，捏壓大瓶子的外壁，看看有沒有不同的結果。你是否能解釋你所看到的現象？

3. 像附圖左邊所示，在一個裝滿水的容器壁上靠底部邊，戳穿兩個孔，由於水的壓力，水會從孔中噴出來。現在把端著容器的手放開，注意當容器自由下落時，水不再從孔中噴出，就像附圖右邊所畫的一樣。如果你的朋友不知道這個現象的原委，那麼你是否能把理由一步步演繹出來，向朋友解釋？（逐步想想自由落體的加速度 g，以及以下落中容器為參考坐標的重量、重量密度、壓力之間，各有啥關係？）

想清楚，說明白

1. 下回你有機會經過農場時，注意圓筒形的糧倉外圍，會有一些用來增強結構的金屬箍帶，而這些箍帶的分布，愈是靠近倉底愈密，而愈接近糧倉頂端則愈稀疏。請問為何會這樣？

2. 有個故事是說，一位荷蘭小男孩用手指頭堵塞住海水堤防上的一個小孔，英勇地擋住了整個大西洋。這個故事是合理而有可能嗎？如果那個小孔的開口大小約為 1 平方公分，而其所在的位置是水面下 1 公尺。請估算一下，小孔中海水的推力。

3. 為何「物重者沈而輕者浮」這個說法並不正確？

4. 一塊 1 公斤的鐵跟一塊 1 公斤的鋁，同樣浸沈在水裡，哪一塊得到的浮力比較大？為什麼？

5. 一艘滿載著泡沫膠絕緣材料的船，跟空船比較，哪艘的吃水較深？試解釋之。

6. 把石塊沈浸到水裡前後，它的密度不會變。但是當你潛水時，你的密度倒是會變。為什麼？

7. 有部消防車滿載著好幾位救火隊員，加上一整個貯水箱的水。要經過一座橋樑時，發現消防車過重，可能會把橋樑壓垮。隊長想出了一個主意，他命令車上的隊員跳進貯水箱，希望能減輕橋樑的負荷。你認為這是個好主意呢？還是個餿主意？試解釋之。

8. 我們在一個氣球下掛上重物，使它能夠勉強沈進水裡，差不多剛好滅頂。假如此時向下推它一把，讓它沈到水面下，它會隨後升回到原先位置、停留在被推到的位置、抑或是繼續下沈？試解釋之。（提示：氣球在水中往下移動的時候，氣球密度會不會改變？如何變法？）

9. 設若你到死海裡去游泳，拜那兒的高密度海水之賜，你會浮得遠比在淡水中要高些。你在那兒得到的浮力，是否也比較大些？為何是或為何不是？

10. (a)把一個半滿的水桶掛在彈簧秤上。如果這時再把一尾活魚放進水桶裡，秤上的讀數會增加嗎？

(b)如果水桶原先已經完全裝滿了水，你的答案會跟上一個情況不同嗎？

沙盤推演

1. 胡佛水壩後面的水深是 220 公尺，請算算該水壩底部的水壓。
   （略去來自大氣的壓力部分。）

2. 有棟建築的頂樓，比地下室高出了 30 公尺。試計算出地下室的
   水壓，比頂樓的水壓要大上多少。

3. 有塊重 8.6 公斤的金屬，沈入水中時取代了 1 公升的水，試計算
   它的密度。

4. 另有一塊金屬重 4.7 公斤，沈水時取代了 0.6 公升的水，也算算它
   的密度。

實戰演練

1. 你認為哪一樣會對地面造成較大的壓力，一隻大象還是穿高跟鞋
   的女士？先作些合理的設定，然後把兩種情形，分別做個粗略的
   計算。

2. 一塊質量 1 公斤的石頭，懸在水面上時重 9.8 牛頓。當它懸在水
   面下時，視重量變成了 7.8 牛頓。

   (a)請問石頭上受到的浮力是多少？

   (b)如果盛水的容器，是放在一台浴室用的磅秤上，該磅秤的原
   來重量讀數是 9.8 牛頓。那麼當石頭懸在水面下時，磅秤上的讀
   數該是多少？

(c)如果把吊石頭的繩子解開，讓它置於盛水容器的底面上，這時磅秤上的讀數又該是多少？

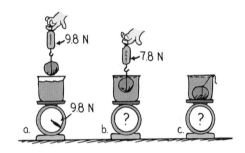

3. 有位人士的質量為100公斤，他剛好可以勉強浮在水面上，試估算他的體積。

4. 有艘長方盒子形狀的載運碎石駁船，寬4公尺、長10公尺。滿載前後，該船下沈水中達2公尺。請問船中所載的碎石有多重？

5. 橡木對水的比重是0.8，所以會浮在水上面。

(a)一根50公斤的橡木木材浮在水上時，會取代或排開多少重量的水？

(b)若要把這根木材往下全部壓入水中，需要另加多大的力？

6. 有座水壓裝置，它的輸出與輸入活塞的截面積比為10比1。

(a)這座水壓裝置能將輸入的力放大多少倍？

(b)輸出與輸入活塞，在此消彼長的移動距離上，比較起來如何？（此點是否能夠滿足能量守恆方程式：$F_1d_1 = F_2d_2$？）

第 20 章

氣 體

氣體跟液體相似之處，是它們都能流動，所以同被稱為「流體」。而它們之間最大差別，是構成分子之間的距離。液體中，分子靠得很近，它們隨時隨地感受到周圍其他分子的作用力，這些作用力嚴重影響了分子的運動。氣體中，分子散得很開，除了彼此迎面撞上之外，其餘時間，都能夠各自自由運動。兩個分子撞上之後，如果一個分子的速率因而變大，則另一個的速率一定變小，以保持它們的能量守恆。

氣體可無限度膨脹，會裝滿它的存在處所有可占空間，而以裏於其外的容器形狀為其形狀。氣體唯有在總量非常巨大的情況下，

諸如地球、星球表面上的大氣層，它本身的重力大到一個程度後，才能夠自行決定它的整體形狀。

20.1　大氣

　　談到氣體，我們周遭的大氣，就是一個現成的好例子。空氣分子占用了我們四周的空間，並一直向地球表面上方延伸，達數公里之遙。這些空氣分子從陽光裡獲得了能量，以致於能夠不斷地保持運動。但若不是有地心引力把它們拉住，它們早就全數飛往外太空去了。從另一方面看，幸虧有太陽供應的熱能，使得空氣分子受到不斷鼓舞，才不至於寂沈、墮落，全部堆積到地面上來。總之，得拜太陽能與地球重力之賜，我們才有大氣的現狀。

　　海洋的上方，有非常明確的界面，地球大氣則無。液體在不同深淺處，都能保持一致的密度，但大氣層的密度則否，高空中的空氣，比起在海平面附近的空氣稀薄得多，這證明它的密度隨著高度增加而逐漸遞減。大氣有如一大堆羽毛，底層羽毛比上層羽毛受到較多擠壓，是以我們愈往高處走，周遭的空氣會愈稀薄，空氣密度愈小。最後當空氣稀薄得、或其密度小得幾乎完全消失時，就進入了我們所謂的太空。

　　不過即使在行星與行星之間的真空領域內，仍然找得到氣體的蹤跡：在每立方公分的空間內，大約有一個分子。而這些真空領域內的氣體分子，絕大部分是氫氣，是宇宙間存量最多的元素。

　　圖 20.2 告訴我們，地球大氣層中氣體大概分布情形。請注意，約有 50% 的大氣是沈積在高度 5.6 公里（18,000 英尺）之下。圖上沒

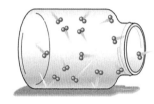

▲圖 20.1
氣體狀態下的分子，相距甚遠，能夠各自自由運動。其間發生碰撞時，除當事者雙方的動向會因此各有所改變外，它們的總能量會維持不變。容器內的氣體分子會充滿容器，是以容器內的形狀即成為氣體的外形。

圖20.2 ▶
地球大氣層。請注意大氣的溫
度,它隨著高度的增加而遞減,
不過到達極高高度之後,它又會
大幅回升。

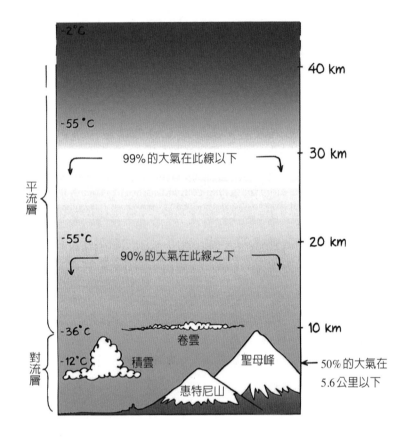

有標示出來的有:大約75%的大氣滯留在11公里（56,000英尺）高
度之內。圖上還有:90%的大氣被局限在17.7公里以內,而99%的
大氣不超出30公里的高度範圍。跟地球的半徑(赤道處約為6,378公
里)比起來,30公里還真不夠看,還不到地球半徑的半個百分點。
我們打個比方,好讓大家對大氣層的「厚度」有個概念:請你對著
一顆剛從冰箱拿出來,冷凍過的撞球哈口氣,冰冷的球面上頓時會

凝結上一層薄薄的水氣。那撞球上暫時性的水氣，在尺寸比例上，就是地球大氣層的最佳寫照。我們從這個比方可以看出，地球上萬物賴以生存的大氣層是多麼地脆弱且有限，也說明了為何我們應該好好珍惜、保護它。

20.2 大氣壓

我們住在大氣的底層裡，整個大氣層裡的空氣就像湖泊裡的水，在在都有著壓力。水裡的壓力，來自於水的重量，同樣地，大氣裡的壓力，也來自於空氣的重量。我們由於太習慣於看不見的空氣，以致於完全忽略空氣也有重量。我們將心比心，魚兒一輩子生活在水裡，也很有可能會「忘掉」水的重量。

在海平面高度和20°C的溫度下，1立方公尺體積的空氣，具有大約1.2公斤的質量。你可估算一下，你的房間裡總共有多少立方公尺的空間，把這數字乘以1.2公斤／公尺^{3}得到的值，便是你房間裡空氣的質量。如果你們家裡，有位體重不到30公斤的小妹妹，那麼隨便一間臥室裡的空氣，就可能比她還重。所以看似不甚起眼的空氣，體積稍大一點便蠻重的。如果你家的那位小妹妹，說什麼也不相信空氣有重量，那是因為她從出生以來一直被空氣包圍著。你若是在平時，遞給她一個裝滿了水的塑膠袋，她一定會告訴你說水有重量。但是等到有一天，她泡在游泳池裡，你再把同一個裝水的袋子，在水面下遞給她，水袋一旦四周被水包圍，她就感覺不到水的重量了。

讓咱們想像，有根30公里長的超長管子，垂直豎立在大氣之

▲圖20.3
當你在水中抱著一大袋水時，你完全不會感覺到那袋水有多重。同理，在空氣中，你也不會注意到空氣的重量。

表20.1　不同氣體之密度	
氣體	密度（kg/m³）*
乾空氣　0°C	1.29
10°C	1.25
20°C	1.21
30°C	1.16
氦	0.178
氫	0.090
氧	1.43

＊ 在海平面的大氣壓下，又溫度若未經特別標明，則一概是0°C。

▲圖20.4
這根一直延伸到大氣「頂點」的管子，其中空氣的質量大約有1公斤，重量相當於10牛頓。

中。管子裡一貫中空，截面積上下完全一致，都是1平方公分。又管子裡外高度相同的空氣，密度完全相同，則管子裡的總共空氣質量約為1公斤。而此質量的空氣，具有相當於10牛頓的重量。也就是說，管子底的空氣壓力，約略等於每平方公分10牛頓。其實以上假想的管子，只是一個幫助我們思考的道具，空氣壓力，有它、沒它沒兩樣。

1平方公尺等於10,000平方公分，所以一根上下一致，截面積為1平方公尺的大氣柱子，就有大約10,000公斤的總質量，重量約100,000牛頓，而由此重量所產生的底面壓力，相當於每平方公尺100,000牛頓，亦即100,000巴斯卡，或是100千巴。以上取的都是大略整數值，比較精確一些的數字應該是，各處海平面上的平均大氣壓，等於101.3千巴。人們以往把海平面平均大氣壓稱為「一個大氣壓」，雖然此名詞仍然廣為人們使用，但已不再被國際單位制接受。而在英制單位系統下，海平面平均大氣壓等於每平方英寸14.7磅。

　　大氣層內各處，氣壓並非一致，除了隨著高度有所變化外，同一地點，由於氣流跟風雨的影響，氣壓也隨時在變動。各地氣壓的變化資料，對氣象學家預測天氣的工作上，非常重要。

❓ Question

1. 一間教室地板面積是 200 平方公尺，高度 4 公尺，請問裡面大約裝得下多少公斤的空氣？
2. 爲什麼大氣的壓力不會把玻璃窗壓破？

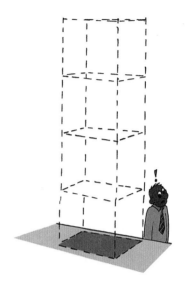

▲圖20.5
在海平面高度，1平方公尺的水平面積上，背負著重達100,000牛頓的空氣，也就是在那兒的大氣壓力，大約等於每平方公尺100,000牛頓（10^5 N/m^2），或是100千巴。

🅐 Answer

1. 答案是 960 公斤。教室的容積，或裡面空氣的體積，應等於：

   $(200 \text{ m}^2) \times (4 \text{ m}) = 800 \text{ m}^3$

   而每立方公尺空氣的質量約爲 1.2 公斤，所以該教室裡空氣總質量應爲：

   $(800 \text{ m}^3) \times (1.2 \text{ kg/m}^3) = 960 \text{ kg}$

2. 大氣壓之所以不會把玻璃窗壓破，原因是它對窗子玻璃的兩面同時施壓，且雙方勢均力敵，力完全相等而互相抵消，結果大氣對玻璃窗的任何哪個方向，都沒有淨力剩下，就好像壓根兒沒產生過壓力似的。

20.3　簡單氣壓計

　　用來測量大氣壓的儀器，叫做「氣壓計」。我們在圖20.6中，可看到一具簡單的水銀氣壓計，它是用一根必須比76公分長了一些，一頭封死的玻璃管，先將管口向上，注滿水銀，再把管口搗住，然後把管子顛倒過來（此時小心別讓空氣跑了進去），插進一個水銀槽內，最後把管子豎直，便大功告成。剛一開始，管子裡的水銀柱超過76公分高的部分會自動下落，水銀從管口流入水銀槽內，直到管內外的水銀表面差降到約76公分時停止。管中水銀上方出現的空間內，除了少許水銀蒸汽外，是處於真空狀態。如果我們把管子放斜，無論角度多大，只要管子的垂直高度仍舊維持在76公分以上，其中水銀柱的垂直高度就會不變。但一旦管子的垂直高度降到76公分以下，水銀就會填滿玻璃管。

　　為什麼水銀柱會有如此現象呢？理由很簡單，就好比重量相同的兩人，分坐在蹺蹺板兩端，使得蹺蹺板不上不下，成為平衡一樣。當氣壓計管子內來自於液體重量的壓力，與管子外大氣壓相同時，雙方處於平衡狀態，液體停止來回流動。不管裝水銀的管子粗

圖20.6 ▶
簡單水銀氣壓計。水銀柱平均高度為76公分，高於或低於此平均值之變化，是由大氣壓的升降變動造成的。

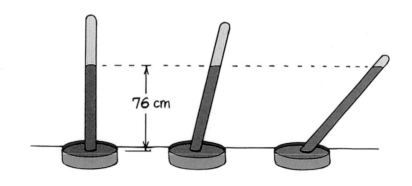

76 cm

細是多少，76公分高的水銀柱的重量，跟一根同樣口徑、30公里高的管子內所包含的空氣重量相同。如果一旦外邊大氣的壓力變大，它就會把管子外的水銀推進管內，使得水銀柱的高度超過76公分，一直到增高後的水銀柱壓力，再度變得與外在氣壓相同時停止。

那麼可否用水取代水銀，來做氣壓計呢？答案是肯定的，只是所用的玻璃管必須加長，長度得是前面所說用來裝水銀的管子的13.6倍。你可能還記得，這個數字正是水銀的比重。也就是水銀體積13.6倍的水，才具有相等的重量，足以對抗、平衡管子外面，想像中的管子裡的空氣重量。所以用水取代水銀的話，管子必須長過前面提到水銀柱高度的13.6倍，0.76公尺乘以13.6等於10.3公尺。亦即水氣壓計的水柱高度會達到10.3公尺上下，幾乎是二到三層樓房的高度。這麼高的水柱，一般房子裡哪有可能容得下，可見水氣壓計是多麼不實用了。

◀圖20.7
能否從吸管中吸到飲料，得看大氣能否將壓力加到吸管周遭的液體表面上。

氣壓計的運作，其實跟用吸管喝飲料的過程極為類似。你把吸管插進飲料裡面，藉著用力一吸，降低了吸管內的壓力，於是飲料表面上的大氣壓，把液體推擠進入降了壓的區域，包括吸管跟嘴巴裡面。所以嚴格說來，飲料並非被嘴吸了起來，而是被大氣推了上來。如果我們設法，能夠不讓大氣去推飲料的表面的話，正如同聚

幫液體搬家的好法子

　　拿根玻璃細管或飲料吸管，插進水中後，用指頭按住管子的上端開口，然後把管子提出水面。為什麼管子裡的水不會流出來？這時你若把按住管口的指頭移開，會發生什麼事？將來在化學實驗課上，這個方法會經常派上用場。

會時常玩的一項遊戲：叫人用根吸管，穿過塞緊了的瓶塞，從瓶子裡吸取飲料一樣，即使他用盡吃奶的力氣，也喝不到飲料。

　　如果你懂得這些概念，則不難了解為什麼抽水機沒有辦法一次將水提升到 10.3 公尺以上。老式農村抽水機（見圖 20.8）的運作，就是把一根插在下面蓄水池的管子造成內部局部真空，水池表面上的大氣壓因而迫使水上升，進入管子內。你該了解，即使在完全真空的情況下，水柱能維持的高度亦僅只 10.3 公尺，何況這種老式抽水機所能做到的，只是局部真空而已。

圖 20.8 ▶
連續的抽運動作，排除掉管中部分空氣，因而使得管子下面蓄水池的水，被池面上大氣壓的推擠，循著空管升了上來。

20.4　無液氣壓計

　　有項挺叫座的大氣壓課堂示範，是表演大氣壓如何把鐵罐壓扁。程序如下：拿個空鐵罐，放少許水在裡面，先做著罐口加熱，等到水沸騰、產生大量蒸汽後，把鐵罐加蓋密封，並自熱源處移開。這時候鐵罐裡的空氣，要比加熱之前少了許多。為什麼呢？原因是沸水產生的蒸汽，把大部分空氣趕出了鐵罐。等密封的鐵罐漸漸冷卻下來，罐內水蒸汽遇冷凝結液化，鐵罐裡的壓力逐漸下降，跟一直未改變的罐外大氣壓相比，差距愈來愈大，最後鐵罐終於挺不住，便被壓扁了。

　　另一種更為精緻、微妙的，且將大氣擠壓現象付諸實用的設計，叫做「無液氣壓計」。這是一種不占什麼空間、便於隨身攜帶的儀表，如今它的使用，遠比水銀氣壓計普遍。

　　無液氣壓計是利用一個小金屬盒子，其中空氣已被部分抽出，盒子上有個可以小幅度伸縮或彎曲的蓋子，它會隨著大氣壓的改變而彎進彎出。當然，這小盒子內外的壓力差別，遠不及剛剛說的鐵罐實驗那麼極端，盒子才能夠保持安然無恙、不被壓破。它那蓋子上的彎曲動作，帶動一個彈簧與槓桿的機械裝置，以指針將氣壓顯示在儀表刻度上。

　　另外，由於大氣壓是隨著海拔高度增加而遞減，所以氣壓計也可以同時用來探測一個地方的海拔高度，儀表上面刻有高度表的無液氣壓計，就叫做「高度計」。這類型的儀表中，有些做得異常靈敏，可以覺察到 1 公尺以內的高度變化。

20.5　波以耳定律

打足了氣的汽車輪胎中，氣壓比外面的大氣壓要高出相當多，而其中的空氣密度也比外面大氣的密度要大。為了弄明白壓力跟密度之間有什麼關係，讓咱們想像一番輪胎中的空氣分子。我們知道，空氣是不同氣體的混合物，其中最多的成分是氮與氧，外加一些二氧化碳。當我們提到「空氣分子」時，所指的是其中所有的不同分子。

車胎裡面，分子們有如微小的乒乓球，快速地、漫無目的地四處亂竄，並不斷撞擊容器的內壁。它們分頭撞擊車胎內壁表面的動作，微觀下雖不連貫，但一經合併起來之後，配上我們遲鈍的感覺，便成為連續不斷的推擠。這個作用在每單位面積上的平均推力，就構成了車胎內的氣壓。

圖20.9 ▶
當車胎中空氣密度增大時，它裡面的氣壓也跟著增強。

設若在同樣體積內，裝下了兩倍數目的分子（見圖20.9），則它的空氣密度成了原先的兩倍。假如前後溫度相等，其中分子的平均速率會保持相同，因而在大致估量下，分子之間以及分子與器壁之間，碰撞次數都會加倍，這意謂著其間氣壓也加了倍。因此，結論就是氣壓跟密度互成正比。

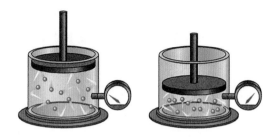

　　空氣的密度，可以單純地藉著把體積壓縮成原來的一半，而獲
得倍增。我們擠壓氣球時，會增加其中的氣壓。同樣地，我們用氣
筒給車胎打氣，每當我們壓下唧筒活塞時，筒中空氣的密度也會頓
時增加。

　　試考量圖 20.10 中所示的有活塞氣缸，假如把活塞向下壓，使得
氣缸體積減少，變成原來的一半，則其中分子的密度會上升成兩
倍，而其中氣壓也跟著增長成兩倍。若把體積壓縮成為原先的三分
之一，氣壓就會增長成原先的三倍。依此類推。

　　從這個例子可看出，壓力與體積的乘積，在變化前後都能保持
不變，一半的體積乘上兩倍的壓力，等於三分之一體積乘上三倍的
壓力，當然也等於原先的體積乘上原先的壓力。概括說來，只要前
後溫度保持不變，任何一定氣體不論其壓力與體積如何更改，它倆
的乘積總會維持為一個定值。以不同時間來區分，若該氣體在時間 1
的壓力與體積，分別為 P_1 與 V_1，而在時間 2 的壓力與體積，分別為
P_2 與 V_2，以等式表示，則：

$$P_1 V_1 = P_2 V_2$$

　　其中時間 1 可定為是原先狀況，時間 2 則可指任何改變後的狀
況。這個式子所表示的關係就叫「波以耳定律」，用以紀念發現此關

係的十七世紀物理學家波以耳（Robert Boyle, 1627-1691）。如今有個把溫度也一併考量進去的更普及定律，那就是 $P_1V_1 / T_1 = P_2V_2 / T_2$。其中 T_1 跟 T_2 是變化前後的絕對溫度，在國際單位制裡，絕對溫度是以凱氏溫標為測量單位（請參閱本書第21章）。

❓ Question

1. 假如你擠壓一個氣球，使其體積變成原先的三分之一，其中的壓力會增加多少？
2. 如果把一個唧筒的活塞向外拉，使唧筒氣室中空氣的容積增加成原先的五倍，其中的壓力會有什麼變化？
3. 有一位在水面下 10.3 公尺處、用水肺呼吸的潛水女郎，如果她閉住氣上升到水面上來，她的肺會增大多少？

Ⓐ Answer

1. 氣球內的壓力會增加成為原先的三倍。怪不得當你擠壓氣球時，氣球會動輒破裂。
2. 活塞後面的氣室內的壓力會降為 1/5，這就是機械式抽氣機所秉持的原理。
3. 大氣壓能夠支持一個高 10.3 公尺的水柱，所以在水面下 10.3 公尺處，來自其上方水重量的水壓，也相當於 1 大氣壓。這份水重的壓力，加上從水面傳遞下來的大氣壓，該處的總壓力等於大氣壓的兩倍，所以如果那位潛水女郎真的閉住氣，上升到水面上來，她的肺臟會不幸地膨脹成正常時的兩倍。潛水入門有個切記要訣，便是潛水者上升時千萬不能閉住氣，因為那樣做會有致命的危險。

20.6　空氣的浮力

　　上一章裡，你學到了一些液體浮力方面的知識。記得在討論浮力法則時，我們都捨棄液體不用，而改用「流體」這個詞。道理很簡單：由於所有浮力上的法則，不只對液體適用，且同樣適用於氣體。人們可用來解釋氣球之所以能在空中飄浮，就像解釋魚兒為何能在水裡「漂浮」。阿基米德原理原來講的只是排開水的現象，其實一樣可以應用到空氣上，我們只須把水改為空氣就行：

> 由空氣包圍的任何物體，皆自空氣獲得浮力，浮力的大小
> 等於該物體所取代、或排開的空氣重量。

　　我們應該還記得，在正常大氣壓跟室溫下，1立方公尺體積的空氣，質量大約是1.2公斤，它的重量則等於12牛頓。所以在空氣中，任何體積為1立方公尺的物體，都得到相當於12牛頓的浮力。如果該物之質量大過1.2公斤，亦即重量大於12牛頓，它一旦鬆綁，就會墜落到地面上。另一件體積同為1立方公尺的物體，如果質量小於1.2公斤，即重量不到12牛頓，它就會在空氣中上升。換言之，物體若是比周圍同體積空氣質量輕的話，即會上升。還有一個說法是：物體密度若是比周遭空氣小，就會上升。在空氣中能夠上升的充氣氣球，整體密度一定比周遭空氣的密度為小。

　　當你下次有機會看到飛船在天空中飄過時，不妨把它想像成一條大魚，因為它們皆基於同樣理由，漂浮在各自所屬的流體當中，也就是取代、或排開了與它本身重量相同的流體。如果要爬升或下降，飛船就利用水平舵或「升降裝置」來操控。

▲圖20.11
飛船跟魚兒是基於同樣的原理，才能停留在空氣中或水中任何選定的高度或深度。

Question

1. 你身上是否受到浮力？如果是，為何它沒讓你浮上天去？
2. 我們若把兩個氣球分別充填到同樣大小，一個內裝空氣，另一個裡面裝氦，哪一個氣球具有較大浮力？為什麼裝空氣的氣球會往下沈，而氦氣球會往上浮？

Answer

1. 在你身上確實有個浮力，將你向上推。之所以你對它毫無知覺，是因為你的體重比它大過太多。
2. 由於體積相同，它們所排開的空氣體積一樣，重量相等，因而這兩個氣球得到的浮力完全相同。裝空氣的那個氣球會往下沈，原因在於它本身的重量，大過氣球外的大氣給它的浮力。而裝氦的那個氣球比較輕，重量小於它的浮力，以致往上浮。更為仔細的說法是，空氣氣球裡面，有氣球外皮彈性所加給它的一些壓力，因而其中的空氣在密度上較周圍空氣稍大。氦氣球內的氦，即使也同樣有氣球外皮給它增加的壓力，但是它的密度仍然比周圍空氣的密度小了許多。

20.7 白努利原理

到目前為止，我們對流體壓力的探討，只局限於處於靜止狀態的流體。其實，正在移動的流體，其運動會對流體的壓力產生一些影響。

人們大多會想當然地認為，刮龍捲風或颱風來臨時，強風中的大氣壓會比無風時要高。其實正好相反，高速度的強風，雖能把屋頂掀起來吹走，但它比起具有同樣密度的靜止空氣來，壓力反倒小些。也就是空氣流速愈快，它的壓力就愈低。這個初看起來匪夷所思、叫人難以相信的事實，確實普存於所有流體中，液體跟氣體沒有兩樣。

現在讓咱們考量一根管子中，有水不斷流過的情況。由於水不會有導致分配不勻的「部分集結」現象，所以沿著水管通過任何一處橫截面的水流量，全都相同。如果水管內徑的寬窄並不一致，則沿線各處的水流速率就會各不相同，寬的地方較慢，狹窄的部位較快。你只需用手指頭，部分摀住一個正在淌水的水管開口，即可輕易證實此言不虛，手指留下的開口愈小，水就會射得愈遠，這表示水的流速愈快。

▲圖20.12
因為水流量是連續一致的，所以河水流經較窄或較淺的河段時，該處水流的速率，必然會加快。

一位名叫白努利（Daniel Bernoulli, 1700-1782）的十八世紀瑞士科學家，做了些流水實驗。他讓水流經各式各樣管子，發現管子裡的水流速率愈快，與其流向垂直的作用力便愈小。也就是水對水管管壁的壓力，會隨流速增加而降低。白努利並發現，此現象不僅限於液體，氣體也不例外。所以「白努利原理」的最淺白說法就是：

流體的壓力，隨流速增加而減低。

其實白努利原理可以由能量守恆定律推演出來，因為任何以一定速率流動的流體，都具有三種能量：分別為來自運動的動能，蘊含於壓力的位能，以及因所處高度而具有的重力位能。在以定速流動的流體系統中，且沒有外來能量加入跟被取出的情況下，根據能量守恆這個大原則，這三種能量之和勢必會保持不變。設若該流體

在高度上保持一定，在此情況下增加速率，必定換來壓力降低，而減低速率，則壓力一定攀升。

若以數學式來表示，則是：（1/2）mv² ＋ pV ＋ mgy ＝定值。式中 m 是指流體中一個微體積 V 的質量，v 是它的速率，p 是壓力，g 是重力加速度值，y 則是它對某一定點（譬如海平面）的相對高度差。若該流體密度為 ρ，ρ ＝ m/V，白努力定律可改寫成 1/2 ρ v² ＋ p ＋ ρ gy ＝定值，如果 y 不改變，式中的 ρ、g、y 都是定值，那麼 v 增加，p 就會減小；反之亦然。

隨著速率變大，流體壓力會遞減，初看之下，的確是讓人感覺意外，尤其是觀念上很不容易釐清。流體本身所具有的壓力，跟流體對阻礙物所產生的壓力，兩者性質上是截然不同的。以救火的噴水管為例，在水管內快速流動的水，本身壓力甚低，但是不論是在管子裡面也好，出了管子外也罷，水流過處，所向披靡，任何東西要是擋住它的去向，讓它慢下來，都會感受到極大的壓力，不過此壓力並非流體本身所固有，而是來自「讓它慢下來」造成的瞬間動能轉換。

在穩定流動狀態中，我們可想像無數微量的流體，一個緊跟著另一個，遵循著同樣的路徑往前推進。總括看起來，它們形成許多互不交錯的「流線」。圖 20.13 中的虛線所表示的，就是這個意思。有些插圖裡為了方便，皆改以相互並行不交叉之細實線來表示。虛

圖 20.13 ▶
流體流經窄道時，速率增快。密集的虛線，表示增快了的速率，以及變小了的流體內部壓力。

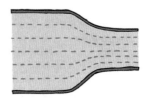

線的用意，在闡明流線乃由無數微量之流體單元，串聯而成的諸多平滑路徑或軌道。這些流線一旦遇到空間較窄的段落，流線自然會擠攏起來，以致該處的流速增快，壓力也就較小。

白努利原理僅適用於處於平穩流動狀況的流體。如果流速太快，平穩的流動有可能搖身一變，成為湍流，細微流體單元的前進路線，成了渦流，不但迂迴打轉，且隨時變化，不再固定。這種情況下，白努利原理便無能為力了。

20.8　白努利原理的實際應用

鳥兒跟飛機之所以能飛，關鍵就在白努利原理之中。它們翅膀的形狀和位置取向，使得空氣在流經它時，翅膀上方的流速比其下方者略為快些。以致翅膀上方的空氣壓力，較翅膀下方的壓力小。兩邊方向相反、而不相等的壓力經抵消後，剩下來的是一個向上淨力，我們稱之為「升力」。即使雙方壓力差距不大，但若是乘上大面積的翅膀後，就會產生一股相當大的升力。只要升力的大小跟體重相若，水平飛行便成了可能。翅膀在空氣中劃過的速率愈快，或是翅膀的面積愈大時，所產生的升力亦就愈大。因此，速率緩慢的滑

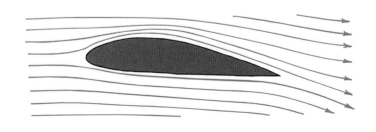

◀圖20.14
機翼上方的空氣壓力比下方的壓力為小。

翔機，有著比例上屬特大號的機翼面積。原則上，飛機速率上限愈快，它的機翼面積也就會設計得愈小。

上面所說的壓力差，只是可用來解釋翅膀產生升力現象的方式之一而已。另一種方式，是引用牛頓的第三定律，亦即作用力恆等於反作用力。翅膀壓迫空氣氣流，使其發生向下偏向，這是作用力，其力道應恆等於轉了向的空氣，還給翅膀的向上升力（反作用力）。翅膀借助傾斜來壓迫空氣轉向，我們把這種翅膀傾斜稱為「攻角」。當你坐車兜風時，可試著把手平伸出窗外，當做一面飛機翅膀，只要你把手掌前端稍稍上翻，強迫空氣往下偏向，你的手就會不自主地上揚！空氣升力這個議題，提供我們一個很好的例子，那就是解釋自然現象時，不必拘泥於固定方式，利用不同的物理觀念、不同的演繹過程，往往能夠殊途同歸，得到相同的結果。

我們一開始討論白努利原理時，就提到強風之中，大氣壓會降低。正如同圖20.15中所示，吹大風時，屋頂上方的氣壓會降到建築物內部氣壓之下，兩邊壓差形成的升力，可能造成屋頂被掀起來吹走。在設計建造屋頂時，一般會注重它的載重能力，以防被積雪壓垮，而較少有人會顧慮到它能抗拒多少向上拔的力量。如果屋頂沒事先釘牢，而其四周上下又被封死而不透氣的話，它裡邊積蓄的空氣，就很可能在強風中，一股腦兒把整個屋頂給掀了起來。

白努利原理還可用來解釋，球若是自身快速旋轉，它劃過空氣中的球路會發生彎曲。原因是當棒球、網球、或其他任何種類的球，若在空氣中前進時同時旋轉，順向與逆向這兩邊會產生不一樣的空氣壓力。圖20.16中的右邊說明了這個原委，我們注意到，從球的B邊經過的空氣流線，比打從球的A邊經過的空氣流線要來得密集，意即B邊的空氣流速較快，因而它對球的壓力、或垂直推力較

▲圖20.15
在強風中，屋頂上方的氣壓會大幅度降低。

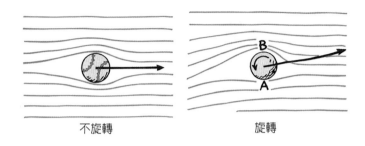

不旋轉　　　　　　　旋轉

◀圖 20.16
左圖是顆不旋轉的直球，經過球旁的空氣流線上下都一樣，因此球得以保持直線進行。右圖球的旋轉，使得它周圍的空氣流線受到一些影響，與旋轉方向相逆的一邊流線較密集，而對面的則相對地疏離。雙方壓力不平衡，迫使球路彎曲轉向。

弱，使得球被 A 邊較強的壓力所迫，球路跟著箭頭向上轉彎。若是球面上有紋路或細毛，會使得這種曲球效應更加顯著，原因是不平滑的表面能拉住薄薄一層空氣跟著球旋轉，使得球 B 邊的空氣流線，變得更爲密集。

　　有趣的是，你可依照圖 20.17 所示，在廚房洗碗槽裡示範白努利原理。把一顆乒乓球綁在一根線頭上，抓住線的另一端，讓球盪進水龍頭下的水流中，你會發現球叫水流給吸住，輕輕拉它還不肯離開。這個現象證明，水流旁靜止空氣的壓力，大於流水中的壓力，大氣把乒乓球推向壓力較低的地區，如此而已。

　　另一個類似的現象，發生在洗澡間的澡盆簾幕上。當你把沖澡蓮蓬的水開到最大，噴水柱四周的空氣不斷被快速水流的較低壓力吸附了過去，然後隨著流水往下沖走，若是此時澡盆周圍簾幕正好拉上，而簾幕下方未固定，簾幕內的空氣壓力會降低，外面的大氣會把簾幕向內推擠。雖然基於這個原理的效果，跟來自溫度差所造成的對流相比，還只是小巫見大巫。不過下回當你沖澡時，簾子無風自動，向內飄盪進來貼上你的小腿，切莫疑神疑鬼，想想白努利原理吧！

▲圖 20.17
靜態流體（空氣）的壓力，比動態流體（水流）的壓力要大。圖中現象的解釋，無非是大氣壓把小球推向壓力減低了的地方。

觀念一把抓

觀念摘要

地球四周的大氣，有如一片由空氣構成的汪洋。它的絕大部分質量，瀰漫在地球表面上約30公里高度範圍以內。沒有明確的上限，只是愈高愈稀薄而已。

◆ 離海平面愈近的空氣，壓縮得愈緊。反之，高度愈大它變得愈稀薄。

◆ 空氣對其間任何物體都有壓力。海平面處的大氣壓，約等於100千巴。

◆ 簡單氣壓計，是把一根頂端密閉、且充滿水銀的玻璃管插在水銀槽裡，根據管中水銀柱高度，來量計支持它的外在大氣壓。

◆ 無液氣壓計不仰賴任何液體，它是利用一個減壓盒上的彈性蓋子，在不同大氣壓下，能保持不同的位置。製造商把儀表預先用已知壓力校準，如此我們即可從儀表上讀出大氣壓。

波以耳定律是說：密閉空間的氣體，在同一溫度下，其壓力跟體積的乘積維持不變。若壓力或體積中有一項增加，另一項必定減少。

白努利原理是說：在同一水平面上流動的流體，它的內在壓力，會隨著它的流速增加而減小。

◆ 白努利原理只能適用於可用流線表示的平穩流動流體。

◆ 白努利原理說明了「升力」。

重要名詞解釋

氣壓計　barometer　用於測量大氣壓的儀器。（20.3）

無液氣壓計　aneroid barometer　用以測量大氣壓的儀器，其作用是由一個金屬盒的蓋子受壓移動而起。（20.4）

波以耳定律　Boyle's law　一固定分子數的氣體在恆溫之下，其壓力與體積的乘積爲常數。（20.5）

白努利原理　Bernoulli's principle　說明液體的流速增加時，該液體內在的壓力會減小的定律。（20.7）

流線　streamline　小範圍的流體於穩定流動中的平滑路線。（20.7）

升力　lift　應用於白努利定律時，意指由向上和向下兩者壓力差而產生的向上推力。當舉力等於重力時，即可能做水平飛行。（20.8）

借題複習

1. (a)什麼能源促使大氣中的氣體，不斷在運動？

   (b)什麼阻止了大氣中的氣體脫離地球，飛向外太空？（20.1）

2. 大氣層中，在各個高度，有無空氣密度變化？液體內，不同深度的液體密度又如何？兩者有何差異？（20.1）

3. 什麼造成了大氣壓？（20.2）

4. 溫度20℃時，在海平面上的1立方公尺體積空氣，具有多少質量？（20.2）

5. (a)一根橫截面爲1平方公分的空氣柱，若是從海面一直延伸到大氣層的頂點，它所包含的總質量有多少？

   (b)這根空氣柱子的重量會是多少？

(c)這根空氣柱子底部的壓力又是若干？（20.2）

6. 地球表面的大氣壓，是否到處都一樣？請說明。（20.2）

7. 氣壓計裡76公分高水銀柱底端的壓力，跟來自大氣重量的壓力比較，有何異同？（20.3）

8. 當你用吸管喝飲料時，較正確的說法，是飲料被「推」上吸管，而非被「吸」了上來，到底是什麼東西把飲料推了上來？請詳加說明。（20.3）

9. 為何抽水機不能使用在超過10.3公尺深的井中？（20.3）

10. 大氣壓平常不會把鐵罐壓扁，但是一旦把鐵罐加熱、加蓋密封、冷卻之後，壓扁鐵罐的事便很可能發生。為什麼？（20.4）

11. 為何我們可用無液氣壓計來測量高度？（20.4）

12. 當氣體被擠壓時，它的密度會怎樣？（20.5）

13. (a)一個不上不下以浮力停留在半空中的氣球，重量是1牛頓，則空氣對它的浮力是若干？

(b)如果此時浮力減少，什麼事會發生？

(c)如果浮力增加，什麼情況會發生？（20.6）

14. 在水平水管中流動的流體，隨著流速增加，其內部壓力會如何？（20.7）

15. (a)「流線」是指什麼？

(b)在「流線」較密集的區域，內部壓力是變大了，抑或是變小了？（20.7）

16. 對於翅膀的升力，白努利原理是否提供了完整的解釋？還是除此之外，另有其他重要因素？（20.8）

17. 為何旋轉的球前進方向會改變，路徑會變彎曲？（20.8）

課後實驗

1. 當你在浴缸裡泡澡，或在洗碗的時候，不妨試一試：像附圖上所示，拿個玻璃杯，杯口向下，罩住一個浮在水面上的小物件，然後把杯子向水裡壓低下去，看看會發生什麼事情？如果要讓杯子裡兜住的空氣被壓縮成原先的一半，你得把杯子推壓到多深的水裡？（提示：第二個問題在普通浴缸裡是找不到答案的，可提供答案的浴缸，至少得有 10.3 公尺的水深！）

2. 拿一個玻璃杯，裡面裝滿水，上面覆蓋上一張卡片，中間不要有任何氣泡，按住卡片，把杯子倒轉過來，然後鬆開按住卡片的手指，就像附圖左邊所示。為什麼卡片會黏在杯口，不會掉下來？如果像圖右一樣，把這隻杯子轉 90 度打橫，結果會如何？

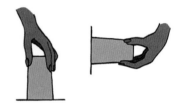

3. 把一個玻璃瓶，沈進水池裡裝滿水，讓它開口朝下，然後把它部分提出水面。為什麼一般玻璃瓶只要瓶口埋在水面下，瓶裡的水就絲毫不會外流？若要瓶子裡的水能流出來，瓶子得有多高？（提示：這個實驗還沒法在一般房屋內來做，可做此實驗的實驗室，天花板的高度必須得超過 10.3 公尺！）

4. 如附圖所示，用指頭夾著一支湯匙，讓它在開著的水龍頭下，水柱裡外晃盪，感覺一下，不同壓力造成的效果。

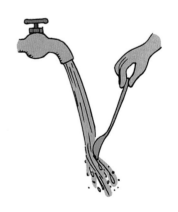

想清楚，說明白

1. 一個充滿氦氣的瓶子，跟另一個完全真空的同樣瓶子，哪一個比較重？

2. 在地下礦坑深處，用吸管喝水，會比在海平面附近要容易些嗎？

在高山頂上又是如何？試加以解釋。

3. 假如有種液體，它的密度是水銀的兩倍，我們拿它取代水銀，用在氣壓計裡面，它形成的液柱高度會是多少？

4. 帶著水肺裝備在深處潛水，會不時釋放出一些小氣泡，這些氣泡在上升過程中，是變大、變小、抑或保持同樣尺寸？試解釋之。

5. 人帶著呼吸管浮潛時，當身體仍漂浮在水面上，只有臉孔浸在水裡時，呼吸會非常容易。但是下潛到 1 公尺水深之前，呼吸會變得愈來愈困難。等潛到 1 公尺以下，即使管子夠長，能接通水面上的空氣，呼吸也會變得幾乎不可能。想想為何會如此，然後仔細加以解釋。

6. 根據表 20.1 裡的數值，我們該用哪種氣體來充填氣球，使它在大氣中比較容易上升，是氦氣還是氫氣？為什麼？

7. 一個充氣氣球，繫上足夠重量後，照樣會沈到水裡。當它下沈時，它的體積會發生什麼變化？跟它在水面上的體積相比，當它沈到水面下 10.3 公尺時，體積會是多少？

8. 空氣對大象產生的浮力，遠大於對一個小小氦氣球的浮力，那麼為什麼氣球會上升，而大象卻仍站在地面上？

9. 估計一下大氣給了你多少浮力。你當然知道你的體重是多少，又一般人體的密度比水稍微小了一點，你可假設你的密度跟水一樣，就可算出你的體積來。

10. 當兩部汽車以高速並行奔馳時，它們之間，為何有被「拉攏」的傾向？

11. 為什麼壁爐裡的火，在刮風天裡燒得特別旺盛？

12. 把吸塵器的排氣孔接上管子，讓管子的另一端固定斜著朝上吹，吹向一個海灘球，使它停留在半空中。請問它應該是吹過球的下

方、抑或是球的上方，才能支撐球的重量？

13. 消防水管的粗細直徑，會隨著其中水流速率的快慢而發生變化。有時相當細窄，有時又會膨脹起來，像條肥蛇，哪個情況是表示水正在水管裡面快速地流動？如果裡面的水完全沒有流動，又會如何？

14. 你無意間聽到兩位物理迷的對話，一位說：「白努利時代之前，鳥兒還不會飛哩。」另一位答腔說：「不對，鳥兒在白努利之前已經會飛，倒是在牛頓之前的鳥不會飛。」這對話的幽默，我們暫且不論，他們所指的事實到底是什麼？

沙盤推演

1. 大氣層的「高度」大約是 30 公里，而地球的半徑是 6,400 公里，那麼大氣的高度是地球半徑的百分之幾？

2. 我們知道，地球表面上，1 平方公尺面積的大氣重量，約等於 100,000 牛頓。假如大氣的密度是個定值，不論到哪兒，都是 1.2 公斤／公尺^3，那麼算算大氣層的頂點會是在哪兒。

3. 估計一下，你們教室裡的空氣有多重。

實戰演練

1. 推算以下這氫氣球的體積，此氣球能夠在空氣中載運 300 公斤重物。氫氣的密度估計為 0.09 公斤／公尺^3，而氣球周遭的空氣密度為 1.30 公斤／公尺^3。

2. 在標準溫度與壓力下，液態空氣的密度是 900 公斤／公尺^3。那

麼 1 立方公尺的液態空氣氣化之後，它的體積會變成多大？

3. 一架飛機，機翼上下的壓力差等於 5% 大氣壓，而該機翼的總面積為 100 平方公尺，作用在該機翼上的升力有多少牛頓？

第三部

熱

Conceptual Physics - The High School Program

在寒冷的清晨，赤腳走到戶外，你會覺得水泥地比草坪要冷得多。

因為從腳底板跑到水泥地上的熱量，比跑到草坪裡的要多些；

這使人直覺上認為，水泥地的溫度比草坪的溫度低些。事實真是如此嗎？

那麼到了炎熱的午後，光腳丫踩在同樣的水泥地上，

卻覺得比草坪要熱得多，難道那時候水泥地的溫度又高過了草坪？

如果不是的話，究竟是什麼物理作用促成了這個現象？

有可能是因為熱傳導的不同嗎？

這一些經常見到的、讓人疑惑的小問題，

大家從這本《觀念物理》裡，都可以找到答案，

我很希望你能徹底了解其中的道理。

第 21 章

溫度、熱和膨脹

不論是固體、液體、還是氣體，所有物質都是由不停快速移動的原子或分子組成。也就是這種亂無章法的個別運動，賦予物質中各個原子跟分子不同的動能。這些不同個體的平均動能，讓我們感受到溫暖。任何東西要是變得更加溫暖，它裡面原子或分子的動能必定已經較前增加。

要增進物質內的動能不難。你可以藉由榔頭的敲擊，使得一枚硬幣變熱，因為撞擊使得硬幣中的原子互相推擠的動作增快。如果你把液體放置在火焰旁邊，液體亦會變熱。快速地給車胎打氣時，打氣筒裡的空氣也會變熱。只要物質中的原子或分子動得快些，該

物質就會感覺起來比較暖和，此乃由於它裡面的原子或分子具有較多的動能。為了簡短起見，本章內以後凡是提到原子以及分子時，我們都簡稱為分子。換句話說，以後內容裡凡是提到分子，其實也包括原子。

　　總之，在寒冷冬夜裡，你依偎在火邊取暖，目的不外乎是增加你身體內的分子動能而已。

21.1　溫度

　　拿某樣東西來跟一個固定標準比較，決定它是熱是冷，而它跟該標準在冷熱程度上的差距，就是所謂「溫度」。我們通常以數值來表示溫度，該數值則是來自預先設定好的尺度上讀數。

　　幾乎所有物質，都會隨著它的溫度上升而膨脹，以及隨著溫度下降而縮小。一般溫度計，就是借助於液體熱脹冷縮的程度來測量溫度。常用的液體是水銀或染色酒精，放置在有刻畫的玻璃管內。

　　如今世上最通用的溫度標準，叫做國際溫標，其上的0刻度，是水的凝固溫度，而100刻度則是設定在標準氣壓下、水的沸騰溫度。然後在這水的凝固點與沸點之間，平均分成100單位，每單位稱為一度。這樣設定出來的溫標，就是我們現在耳熟能詳的「攝氏溫標」。它最早是由瑞典天文學家攝西阿斯（Anders Celsius, 1701-1744）所提出，也因而以他的姓命名。過去人們曾一度稱它為百分溫標。

　　在美國，常用的溫標是把水的凝固點設定為32度，而水的沸點定為212度，此溫標被命名為「華氏溫標」，是為了紀念德國物理學家華倫海（Gabriel Fahrenheit, 1686-1736）。如今全世界只剩下美國

▲圖21.1
溫度計上的華氏跟攝氏溫標尺。

人仍然用它，一旦美國人追隨世界潮流改用公制，華氏溫標即將成為絕響。

在科學研究上，人們使用的是標準國際單位制的溫標，又叫做「凱氏溫標」，為的是紀念英國物理學家凱耳文（Lord Kelvin, 1824-1907）。它的每一刻度大小與攝氏一度相同，不過不作興稱為度，而直接稱為「凱耳文」或K。在凱氏溫標上，0刻度是被設定在最低的可能溫度處，也就是「絕對零度」。理論上，在絕對零度，任何東西都沒有可釋放出來的動能。凱氏溫標上的零點，也就是絕對零度，相當於攝氏溫標上的 − 273℃。在第24章裡，我們還會提到更多有關凱氏溫標的細節。

同一溫度在不同溫標上的讀數當然有異，彼此之間的轉換，可套用簡單的算術公式。這是小學生常遇到的算術考題，那種演算跟物理實在搭不上關係，所以我們此處不提。此外，一般溫度計上，大都像圖21.1中所示，攝氏華氏兩種刻度並列，一旦有轉換的需要，它隨時提供我們一個相當不錯的近似換算表。

溫度與動能

溫度跟物質中分子的不規則運動有關。就拿最簡易的例子，理想氣體來說，溫度跟其間分子的平均「平移」動能成正比。所謂平移，就是指循著直線或曲線的運動。在固體和液體中，分子因受到較多限制而具有位能，溫度也就變得更複雜了一些，不過大體說來，溫度主要仍然是跟其間分子的平均平移動能有關。所以當你觸摸到一個很熱的表面時，你得到的溫暖，就是從該熱面上的分子傳遞到你手指上的分子動能。

注意！溫度並不是物質中，所有分子全部的動能加起來之後的

▲圖 21.2

圖中水桶內是溫水，杯子裡是熱水，雖然杯子裡的溫度比較高，水桶內卻有著較多的分子動能。

計量指標。譬如2公升沸水裡邊，總動能是1公升沸水裡的兩倍，但是它們的溫度卻相同，因爲它們倆各自的平均分子動能一樣。

物理 DIY

你能信賴你的感覺嗎？

分別在三個杯子內加入熱水、溫水以及冷水。然後把一根手指伸進熱水，另一隻手的一根手指伸進冷水裡；數秒鐘之後，再把那兩根手指同時移入中間的溫水中，兩根手指的分別感覺會是怎樣？現在你是否了解，爲何測量溫度還是用溫度計準確些？

21.2 熱

如果你去觸摸一個熱爐子，能量會從爐子轉移到你的手上，原因是爐子比你的手熱。但是當你觸摸冰塊時，能量又會從你的手上流到較冷的冰塊裡面。能量轉移的自然方向，永遠是從較熱的物體到較冷的物體。由雙方溫度差別，導致從一物轉移到另一物的能量，就稱爲「熱」。

雖然物理學家認爲不正確，一般人卻普遍以爲物質「包含」熱。物質固然包含數種形式的能量，但並不包含熱。熱只是正在從溫度較高的物體前往溫度較低物體中的能量，一旦到達目的地之後，該能量就不再是熱。（與這情形頗爲相似的是，「功」亦是運轉中的能量，所以物體並不包含功，它只能主動地去做功，或是被

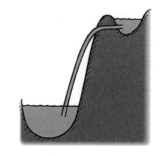

▲圖21.3
不管水池中相對的水量如何，水都不會自己往上流；熱也不會從較冷的物體流到較熱的物體。

動地接受功。）記得在《觀念物理》第1冊第8章內，為了闡明熱與溫度之間的瓜葛，我們曾把從熱流動得來的能量叫做「熱能」。從本章起，我們將改用科學家比較喜愛的名稱，即是「內能」。

當熱從一個物件或物質，流往與它接觸的另一物件或物質時，我們叫這兩樣東西正在做「熱接觸」。有了熱接觸，熱才能從溫度高的一方流向溫度低的一方。此外，熱的流動，與物質內分子動能的總和大小無關。譬如一大碗溫水中分子動能總和，遠比一個燒紅了的圖釘裡分子動能要多些，但是當我們把這顆圖釘浸入那碗水中時，熱不會從分子動能多的水裡，流往分子動能少的圖釘上，而是會從溫度較高的圖釘流往溫度較低的水。所以必須有溫差，或是平均分子動能的差別，才會有熱流動，而熱絕對不會自動從較冷的物質流向較熱的物質。到第24章討論熱力學時，我們會再回到這個觀念來。

昆蟲學中的物理

沙漠螞蟻

在非洲與中亞地區的一些沙漠裡，地面溫度可高達60℃。那的確是非常熱，但對一種叫做卡他格力非斯（*Cataglyphis*）的螞蟻來說，還不算太熱。這種螞蟻能夠在一種專吃牠們的蜥蜴所無法忍受的高溫下，出外覓食。事實上，牠們耐熱的本事，超過沙漠中所有其他生物，因而能夠在沙漠上蒐集來不及逃避熱浪而熱死的動物屍體。牠們在滾燙的沙上，把兩條腿高舉空中，只用四條腿狂奔（記得不？昆蟲一共有六條腿），以儘量減少跟地面接觸的機會。

雖然牠們在沙上前往覓食的途徑仍然是左右迂迴曲折，然而取得食物之後的回程，可說幾乎全是直線。牠們奔跑的速度，高達每秒100個身長。在牠們僅僅六天的平均壽命中，大部分螞蟻帶回家的食物，累積起來是牠體重的15到20倍。

21.3　熱平衡

　　當數個相互有熱接觸的物體，到達同樣溫度之後，它們彼此之間就不再有熱流動發生，我們說這些物體正處於「熱平衡」。

　　量溫度時，在插上溫度計之後，我們得等上一會兒才去讀溫度計上的數值，為的是要等溫度計跟被測的物體達到熱平衡。溫度計一旦與物體接觸，若它們之間的溫度不一樣，就會引起熱流動，直到雙方溫度一致後才停止。到了那個時候，我們知道被測物品的溫度，正好等於溫度計的溫度。蠻有意思的一點是，溫度計上所呈現的，不過只是它自己的溫度而已。

　　因此之故，溫度計應該很小，避免被測物品的溫度發生太大的改變。譬如你用溫度計去測量房間裡的空氣溫度，溫度計可能吸收或放出來的熱，不會明顯地影響到整間房間的空氣溫度。但是如果你想要量的是一滴水的溫度，在與溫度計熱接觸之後，該滴水的溫度可能已經跟原先的大不相同了。

◀圖 21.4

就有如 U 形管子中的水，由於在相同深度具有相同壓力，而會自動找出共同水平面來一樣，溫度計和它緊鄰的周遭環境，也會自然地協調出一個共同的溫度來，因為在同樣溫度下，雙方的平均粒子動能相等。

21.4 內能

物質中除開互相推擠的分子平移動能外，還有其他形式的能量存在，譬如分子的旋轉動能，以及一些來自分子內部各個原子振動的動能。此外還有分子之間，各種相互作用力形成的位能。所有這些局限於物質內部、各種能量的總和，我們稱之為「內能」。再一次提醒你，物質內不含熱，它包含的是內能。

當物質吸取或是放出熱的時候，上面提到的各種能量，都有可能發生變化。以致於在吸收熱的過程裡得到的能量，可能會被分派、用在使分子亂動的速度加快上，也可能不會。在某些特殊情況下，例如熔化中的冰，物質固然吸取了熱，而它的溫度卻不見增高。原來得到的能量，做了另外的安排，它轉換了該物質的相，我們在第23章裡將會探討這個主題。

21.5 熱的測量

現在我們了解，熱只是因為有溫度差異，因而從高溫物質轉移到低溫物質的能量。至於轉移過去的熱之多寡，可以藉著測量份量已知的水，因吸收該熱量而增加的溫度來決定。

物質吸收了熱，所增加的溫度，不光是由物質的質量來決定。能把一小杯湯煮沸的熱量，若加到整鍋湯裡面，只能把溫度增高幾度而已。在給熱定量時，我們必須指明被測物質的質量以及類別。

熱單位的定義，是使得某樣具有特定質量的物質，產生一個標

準的、大家公認的溫度變化所需要的熱。最常用的熱單位是「卡路里」，或簡稱為「卡」。「卡」的定義是能使1公克水溫度增加1℃所需要的熱量。至於「千卡」，顧名思義，就是1000卡，也就是使1公斤的水溫度增加1℃所需的熱量。雖然常有人也以卡來做為食物中熱量的單位，但是實際上應該是千卡。為了遷就這個錯誤，一般挽救的辦法是，英文裡把卡路里的第一個字母C大寫，表示此卡乃是千卡，以與小寫的卡區別。中文無法完全依樣葫蘆，只得改稱為大卡，相對地稱原來的卡路里為小卡。

此處要記住的重點是，大卡也好，小卡也罷，都是能量單位。卡路里是沿用一個歷史上的名稱，當初取名時，熱被認為是一種叫做「熱質」的看不見流體；如今我們知道，熱不過只是能量的一種形式而已。美國目前正在轉換成使用國際單位制，其中熱的量度單位是焦耳，而1小卡等於4.184焦耳。在本書內，我們依然採用觀念上比較直截了當的卡路里來討論熱，不過在實驗室裡，你不妨用焦耳當做單位，只是得記住，要把1公克水的溫度升高1℃，需要加進去的熱是4.184焦耳。

食物內所含能量數值的測定方法，是度量該食物在燃燒過程中所釋放出來的熱量。由於食物在功能上是屬於燃料，而所有燃料的價值高低，就看它在燃燒前後，一定的質量可釋放出多少熱能來。

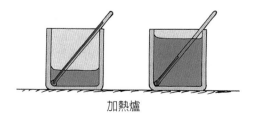

加熱爐

◀圖21.5
雖然我們把同樣多的熱量，分別加進圖上所示的兩個容器內，裡面水裝得比較少的那個，溫度會升得比較快。

計算範例：因次分析

一位體型適中的女士，每天大約吃下、跟用掉2000大卡，她身體裡用掉的能量，最後都是以熱的形式散發出去。我們來算算，她的身體在每一秒鐘，會散發出多少焦耳的熱？或者依照另一種說法，她的平均熱力發放速度是若干？

這個問題的答案，就是把每天的2000大卡換算成每秒鐘平均放出若干焦耳。我們從前文裡知道，1大卡等於4184焦耳（J），而1天有24小時，1小時有3600秒鐘。於是乎：

$$\frac{2000\,大卡}{1\,天} \times \frac{1\,天}{24\,小時} \times \frac{1\,小時}{3600\,秒} \times \frac{4184\,焦耳}{1\,大卡}$$

$$= 96.8\,焦耳／秒\,（J/s）$$

$$= 96.8\,瓦特\,（W）$$

請注意上面的算法，是把原來的數量乘上一連串分數，由於其中每一個分數的分子跟分母雖然數值不等，量卻一致，因而每一個分數的淨值，實質上等於1，所以那個原來的數值，跟這些都等於1的分數相乘之後，數值上不會改變。至於為何選取這些分數的分子跟分母單位，端賴設法使得能夠彼此相消，最後剩下我們所冀望的單位，我們把這個技巧稱為「因次分析」。

我們這樣子一算，發現該位女士平均每秒釋放出96.8焦耳的熱，或是具有96.8瓦特的熱功率，幾乎就跟一個亮著的100瓦特的燈泡一樣！難怪一個擠滿人的屋子裡，不消一會兒就熱了起來！

Question

設若你利用一盞燭火，去給予1公升的水一定量的熱，水溫比加熱前增高了2℃。如果你用相同的熱量，去加熱2公升的水，能把後者水溫提高多少？

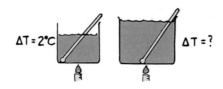

Answer

2公升的水溫會被推進1℃，原因是2公升的水裡有著兩倍的分子數目。平均下來，每一分子只能分到原先水分子一半的熱量，以致於它的平均動能以及它的溫度，也只能以一半的變化率增加。

21.6　比熱容量

幾乎任何人都會注意到，不同食物中，有些可以保持熱度較長的時間。例如在同一盤熱食裡，當洋芋泥已經涼到可入口時，煮熟的洋蔥跟帶汁的瓜類仍然還是太燙。吃蘋果派時，外面的麵皮從剛出爐起就不會太燙，但是出爐後，即使擱了好一陣子，一口咬下去，舌頭仍有可能被裡邊的蘋果餡燙起泡來。冷凍套餐用烤箱加熱後，一出爐便可用手去直接撕掉套餐上覆蓋著的鋁箔，但是可千萬得小心它底下蓋著的食物！

▲圖21.6
當剛剛熱好的冷凍套餐端出烤箱
時，你幾乎無須等候，便能夠觸
摸它外面的鋁盤，但是別去隨便
碰裡面的食物，小心燙傷指頭！

不同物質，對儲存於內部的能量，各有不同容量。如果我們把一鍋水，擱在爐子上，可能得等上15分鐘，鍋裡的水溫才從室溫升到沸點。但是如果鍋子裡裝的不是水，而是質量相同的鐵，我們發現，同樣從室溫上升到水的沸點，只需要約2分鐘。若是把鐵換成了銀，同樣的溫度變化，還要不了1分鐘。我們發現每種物質，在同樣質量情況下，要溫度上升到某個固定程度，都各有它特殊一定的熱量需求。

能量被吸收後，吸收它的物質會產生各式各樣的影響，被吸收的能量若是用在增快分子的平移速度，則造成溫度上升。被吸收的能量，也可能用在增快分子的轉動，增加分子的內振動，或拉長分子之間的鍵結，因而被儲存起來成為位能。這後面所提到的幾個能量形式，都不是以溫度來表達的；表達在溫度上的能量，僅只平移運動的動能一項而已。概括說來，物質吸收熱能後，只有其中一部分是用來提高物質溫度的。

1公克的水需要1卡的熱，溫度才會增高1°C；但是要讓1公克的鐵，溫度上升1°C，只需要1卡的八分之一。在鐵的晶格內，鐵原子最主要是在做前後搖晃、平移方式的運動；而被水分子吸收的能量，大部分另行轉換成以轉動、內振動、及鍵伸展等與溫度無關的種種形式。因之比起鐵來，水分子需要吸收數倍的熱量，才達到同樣的溫度上升，我們說水具有較高的「比熱容量」。這個比熱容量，有時也簡稱為「比熱」。

任何物質的比熱容量，在定義上，是指能夠把一單位質量的該物質，溫度提高1度的能量。

我們可把比熱容量想成是熱的慣性，你可記得在力學裡面，慣性這個名詞，原是用來表示運動中的物體對改變的抗拒程度。比熱

容量有如熱的慣性，原因就是它表達出，物質對它本身溫度改變的
抗拒程度。

計算範例：燒水

如果我們知道某一特殊物質的比熱容量爲 c，而該物質
的質量 m 發生了 ΔT 的溫度改變時，涉及的熱量是 Q，那麼
Q ＝ mcΔT。用文字表示，則是傳輸過去的熱＝質量×比
熱容量×溫度改變。

倘若我們想知道，把 1 公升水的溫度提升 15℃需要多少
卡。水的比熱容量 c 是 1 卡／公克℃，而 1 公升水的質量是 1
公斤，也是 1000 公克。由於 c 的單位是每公克每攝氏 1 度的
卡數，我們得使用以公克爲單位的質量 m，於是，

Q ＝ mcΔT
Q ＝（1000 公克）×（1 卡／公克℃）×（15℃）
　 ＝ 15000 卡

假如我們用一個 1000 瓦特的浸水加熱器來供應所需的熱
量，那麼前後得花費多久時間，才能達到提升 15℃的目的？
我們知道 1000 瓦特的加熱器，每秒可提供 1000 焦耳的熱
量。若把卡數轉換成焦耳，則：

15000 卡× 4.184 焦耳／卡＝ 62760 焦耳

你可以很容易看出，以每秒 1000 焦耳的速率，只需要大
約 63 秒的加熱時間，就可將溫度提高 15℃。

Question

水跟沙，哪一樣具有較高的比熱容量？

Answer

比起沙來，水的比熱容量較大。因而不但在大太陽下，水的溫度上升速率比較慢，在寒冷的夜晚，溫度下降的速率也比較慢。換句話說，水有著比較大的「熱慣性」。相比之下，從沙表面上的溫度在午前陽光中快速上升，以及入夜之後快速下降的現象，我們可很容易看得出，沙的比熱容量甚低。而此低比熱容量，嚴重地影響沙漠地帶的氣候，使得那兒氣溫的起伏變化非常之大。

21.7 水的高比熱容量

比起絕大多數的常見物質來，水的比熱容量要高出許多。也就是相較之下，以少量的水便能吸收大量的熱，溫度卻不會上升太多。因此，水成為非常好的冷卻劑，普遍被用在汽車及多種發動機的冷卻系統裡。如果我們在冷卻系統裡使用具有較低比熱容量的液體，結果是吸收同樣多的熱量，卻會造成較高的溫度上升。當然一旦該液體的溫度，竄升到跟引擎的溫度不相上下後，就不再具有冷卻效果了。同樣地，水也冷卻得很慢，我們的祖父母那一代經常利用這個特性，在寒冷的冬天夜晚，把熱水瓶或熱水袋帶上床，用來暖腳驅寒。

水的這項抗拒溫度改變的性質，成為許多地方天氣比別處好的

原因。下回你有機會看地球儀時，注意一下歐洲的緯度，其實歐洲和加拿大的緯度相當，雙方每平方公里得到的太陽能，大致相若，但如果水沒有這樣高的比熱容量，歐洲各國應該冷得像加拿大的東北部一樣。原因是大西洋中有股洋流，名叫墨西哥灣流，它把溫水從加勒比海帶往東北方向，流經北大西洋到達歐洲海岸；它一路保持著內能，等碰到歐洲陸地才冷卻下來，冷卻過程中所釋放出來的熱量，被夾帶在西風中，吹遍了歐洲大陸。

同樣地，北美洲東西兩岸的氣候也大不相同。在北美洲所在的緯度範圍內，風多自西向東吹送。在西岸，空氣自太平洋流向陸地，由於水的高比熱容量，海洋的溫度多夏差異不大，冬天裡水比空氣暖，夏日裡相反，水比空氣涼。因此冬天裡的海水，把拂過它表面上的空氣加熱，成為和風，然後吹向北美洲西岸地區。而夏天裡的西風，則成了習習涼風。東海岸則大異其趣，風多從內陸吹了過來，往大西洋而去，由於陸地較低的比熱容量，成為夏熱冬寒，連帶影響到東海岸地區的氣候。舉個實例，緯度上，西岸的加州舊金山，跟東岸的華盛頓特區相同，但是舊金山的夏季遠比華盛頓涼爽，而冬季反比較暖和。

大塊陸地的中央部位，通常都是冷熱各走極端。例如加拿大的曼尼托巴與美國的南北達科塔州的夏季酷熱，而入冬之後又轉嚴寒，主要原因乃是境內缺乏大片水域之故。舉凡歐洲人、世上各處島民、以及居住地區在海洋氣流經過的人們，都應該深自慶幸，水有如此高的比熱容量，讓他們不用面臨惡劣氣候。舊金山居民就是代表性的受惠者！

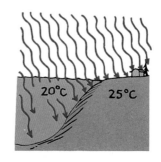

▲ 圖 21.7
比起陸地來，把水域加熱到相同溫度，需要較多能量，原因是水不但具有高比熱，而且透明。為什麼水的透明性質，也是一個因素？

21.8 熱膨脹

當物質的溫度增高，它的分子因互相推擠的動作加快，通常會趨向於拉開彼此之間的距離，這樣一來，就促成了物質的「膨脹」。幾乎毫無例外，所有物質，包括固體、液體與氣體，都是熱脹冷縮。在類似的壓力跟溫度變化情況下，一般說來，隨著溫度變化，膨脹與收縮的幅度，以氣體為最，液體次之，固體最小。此慣例唯有在物質處於恆壓之下才會成立。封閉容器內的氣體如果無法膨脹，則該氣體的壓力會隨著溫度而變化，不會保持一定。

水泥人行道和公路路面在建造時，假如鋪成連續不斷的一片，由於冬夏溫差帶來的熱脹冷縮，路面很快就會裂開、剝落而毀損。為了防範這些，可以在築路之初，把路面化整為零，鋪成許多不連續的小塊，每塊之間留下一些縫隙，其中填上瀝青之類可塑性物質。夏季的大熱天裡，膨脹起來的小塊路面只會把部分瀝青擠出接縫，讓路面不至於彼此直接擠壓，引發崩裂耗損。

不光築路如此，任何結構性的大小設計，都必須顧慮所用材料的膨脹問題。牙醫用來補牙的材料，膨脹率必須跟牙齒的一樣。汽車引擎內鋁質活塞的直徑，必須比它外圍鋼製汽缸的直徑稍微小那麼一圈，因為鋁的膨脹率大過鋼材許多。土木工程師要強化水泥建築物，必須使用與水泥有相同膨脹率的鋼筋。鋼骨架的長橋，通常只有一頭固定，另一端則擱在一種叫做滾動輥承的裝置上，讓它能夠自由伸縮滑動，免得結構因膨脹變形而容易損壞。而橋面道路本身分成了許多段，其間以舌槽榫的方式連接，名稱就叫脹縮接頭。

物理 DIY

腦汁勝過肌肉

下回碰到玻璃罐的金屬蓋子太緊，用盡力氣都沒法轉開，試試讓熱膨脹來幫你一個忙。方法是把蓋子部分用熱水沖它一會，或者就直接在爐子上很快地加熱一下，一遇熱，金屬蓋子會比玻璃部分膨脹得多些。加熱之後，只須輕輕一轉，蓋子就下來啦！你可明白其中道理？為何這個方法會管用？這跟物理的哪方面有關？

不同的物質，各有不同的膨脹率。有一種叫做「雙層金屬片」的東西，就是把兩根不同金屬做的狹片（譬如一根是黃銅，另一根是鐵），用焊接或鉚釘黏合在一起（如圖21.8）。此雙層金屬片一旦遇到熱，因為黃銅跟鐵的膨脹程度各自不同，以致其中一根會變得比另一根長，使得雙層金屬片彎曲起來。另一方面，如果這雙層金屬片遇到低溫，由於加溫時膨脹得快的物質，減溫時收縮得也快，加熱後變得較長的一方，在冷卻後會變得較短，使得該雙層金屬片冷卻時的轉彎方向，與加熱時的轉彎方向相反。於是這雙層金屬片隨著溫度改變，形成一定的彎進彎出位移動作，可用來帶動指針、調節閥門或控制開關。

「恆溫器」是一個實際應用雙層金屬片的例子，其中有一個用雙層金屬片繞成的線圈，可隨著溫度的高低接通或切斷電路。當屋子裡的溫度變得太冷，那根線圈會彎向黃銅那邊，從而接通暖爐的電路，使暖爐開始供熱。一旦溫度上升過了頭，線圈反轉過來，彎向鐵的那邊，因而切斷電路，使暖爐停止運作。電冰箱內也裝置有特殊的恆溫器，來防止冰箱內溫度變得太熱或過冷。雙層金屬片還被

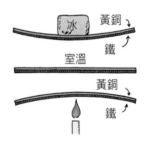

▲圖21.8
雙層金屬片。在遇熱或冷時，黃銅比起鐵來膨脹或收縮的程度都要大些，以致於這雙層金屬片會如同圖中所示的方式彎曲。

廣泛應用在其他各式機器用具上，諸如烤箱溫度計、電烤爐、引擎汽化器中的自動阻風汽門等等。

　　一樣物體膨脹的程度，跟溫度變化幅度有一定關聯。如果局部加熱或冷卻玻璃，會造成不勻稱的膨脹或收縮，尤其溫度改變的速率比周圍部分快得太多的話，很可能會導致玻璃碎裂，愈厚重的玻璃，愈有這樣的顧慮。有種抗熱玻璃，就是它具有加熱時，膨脹非常有限的特性。

　　液體體積一般來說，會隨著溫度上升而有蠻大幅度的膨脹。當汽車在加油站加滿油之後，只消在路邊停上一會兒，往往汽油就會從油箱口滿溢出來，這是因為地下儲油池裡的汽油很冷，加進油箱後漸漸變暖，體積發生膨脹，以致於溢了出來。同樣的道理，汽車的散熱水箱裡，如果冷水加得太滿，車子一熱，水箱裡的水也會溢出來。

　　在大多數情況下，液體的膨脹程度會比固體的來得大。大熱天裡，汽油常從油箱裡滿出來，就是一個很好的證明。基於相同原因，若鍋裡裝滿了水，一加熱馬上也會漫出來。又普通溫度計裡的水銀柱會隨溫度升高而增長，也是因為液體的水銀，比起它外面的固體玻璃管膨脹得多些、快些。

⍰ Question

夏天裡架設電話線，為什麼正確的做法是絕不能把線扯緊，必須得讓每根電線桿之間的電線，相當明顯地垂吊在那裡？

Ⓐ Answer

夏天溫度較高，電話線會膨脹得比較長，冬天天冷，電話線縮得比較短。因此電線桿與電線桿之間電線下垂的程度，夏天裡會比冬天大一些。夏天時架設電話線，若未預先留下足夠的多餘長度，或是不讓它有相當的下垂，等到冬天來臨，溫度一降，則線有被拉斷的可能。

計算範例：比率（ratio）跟比例（proportion）

鋼的長度隨溫度變化而增減，溫度每上升或下降攝氏一度，它的增減大約是十萬分之一。

$$\frac{1}{100,000}，是一個「比率」。$$

不同長度的鋼材遇熱膨脹時，都得按照同樣比例來膨脹。長度不大的鋼材，膨脹增加的長度有限，可以不予以計較。但是如果我們所考慮的對象，是一根緊貼地面、環繞地球一周的鋼管，你可知道這根長四千萬公尺的管子，當溫度上升了1℃時，它增加的長度是多少嗎？

溫度上升1℃，若脹大的長度為 X，它跟原來長度應該有著一定的比率1/100,000，也就是：

$$\frac{1}{100,000} = \frac{X}{40,000,000\text{公尺}}$$

於是，X ＝ 40,000,000公尺×（1/100,000）＝ 400公尺

不過這麼一來，引發了一個非常有趣的問題：本來是套牢了地球、緊貼地表的這根鋼管，在增加了400公尺以後，

它與地球之間，當然會產生縫隙，那縫隙到底有多大呢？只能插進這本書嗎？抑或人能爬進去？還是可以開部卡車，到那縫隙裡面？

這個縫隙的大小，我們也可以用比率跟比例計算出來。任何一個圓圈，其周長C與直徑D的比率，恆等於 π（大約是 3.14）。周長的變化 ΔC 與直徑變化 ΔD 之間，也有著同樣比率。我們把數值代進這個關係，即可得到：

$$\frac{\Delta C}{\Delta D} = \frac{400 公尺}{\Delta D} = 3.14$$

從而求解：

$$\Delta D = \frac{400 公尺}{3.14} = 127.4 公尺$$

得到的 127.4 公尺，是由這根鋼管形成的大圓圈，在膨脹之後直徑增加的尺寸，是以鋼管在變長之際會脫離地球表面，如果把間隙平均，應該就是它的半徑增長了 63.7 公尺。

所以說，假如真有那麼一根鋼管，原本緊緊地套牢在地球上，只要它的溫度升高小小的 1℃（這個應該不難，只須沿線的人們，同時努力對著它哈氣，就可能辦得到），理論上，這件不可思議的事就會發生：鋼圈膨脹之後，頓時跳離地面 63.7 公尺！如此運用比率跟比例，是一個非常直截了當的好方法，可用來解決許多類似問題。

另外還有一個計算物質膨脹長度的方法，是套用一個現成的公式：$L = \alpha L_0 \Delta T$，你在上物理實驗課時，很可能會遇到這條公式，我們在這兒暫且不談。

21.9 水的膨脹

幾乎所有的液體都會遇熱膨脹,但是冰冷的水卻剛好相反!水打從冰熔化的溫度開始,亦即0°C或32°F,它的體積會隨溫度上升而收縮,這是一個極端反常的現象。而這個收縮現象會一直持續到4°C。等溫度上升超過了4°C後,水才開始跟隨溫度上升而膨脹,此後,正常的膨脹現象一直維持到水的沸點100°C。圖21.9是水這項怪異行徑的圖解。

一定量的水在4°C時,體積變得最小,同時具有最大密度。而同樣一定量的水,體積最大或密度最小的時候,則是當它轉變為固體,凝固成冰的那一剎那(冰總是浮在水面上,可知冰的密度,肯

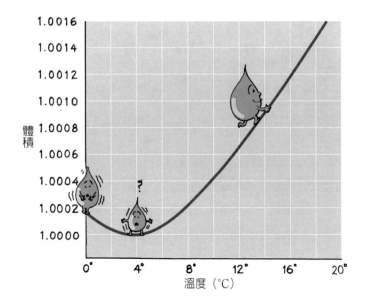

◀圖21.9
水在不同溫度時,體積的變化。

定要比水小）。冰的體積，在圖21.9中找不到，假如我們眞是想要把它標出來的話，這張圖表裡的 Y 軸，得讓它一直延伸上去，遠超出這頁紙的上限。在水凝固成冰之後，若繼續降溫，冰的體積又會跟著收縮。

　　水的這項奇異行徑，跟冰的不尋常晶體結構有關。大多數固體的結晶構造，比起它在液態時，占據較少的空間。然而冰晶體卻獨具一種特殊的敞形結構（open structure，見圖21.10），一方面是因爲水分子中各原子之間形成的固定角度，加上水分子彼此之間的鍵結在形成某些特定角度時，會變得最強最穩定。基於這兩個因素，促成了這種特殊的冰晶體結構。具有這種結構的水分子，比起它在液態時，占據的體積更大了些，結果就是冰的密度反倒比水小。

▶圖21.10
水分子在晶體狀態下，具有一種敞形的六邊形排列。因而水在結凍時會反常地大幅膨脹，致使冰的密度變得比水小。

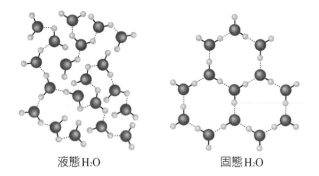

液態 H_2O　　　　　固態 H_2O

　　圖21.9中的下降回轉曲線，其實是由兩個同時進行的體積變化合併起來的結果。其一是冰晶體逐步熔化，總體積漸漸變小。在0°C跟10°C之間，水實際上是「細微雪泥」，裡面仍然包含著數量不等的微小冰晶體。溫度上升到10°C附近後，所有的冰晶體才會完全坍塌掉。圖21.11左邊的曲線，是僅由微小冰晶坍塌後果所造成的冷水體積變化。

當溫度在0°C跟10°C之間，水中混雜著的冰晶體，會隨溫度上升而逐個坍塌，部分體積因而逐步縮小。同時還有部分的體積，因分子運動加速，而逐漸增大。後者表現在圖21.11的中央曲線上。分子的振動加快，使得水的體積膨脹起來，這個部分跟水中有無冰晶體無關。

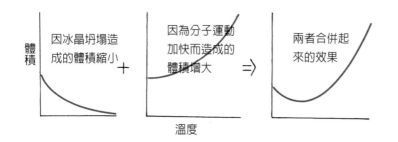

◀圖21.11
純粹受冰晶坍塌影響的變化（左圖），以及來自因溫度上升，分子運動增強所導致的變化（中圖），兩者合併之後，使得水在4°C時的密度變得最大（右圖）。

這兩個方向相反的效果合併起來後，得到的結果是圖21.11右邊的曲線，也就是前面的圖21.9。水的這項特別性質，在自然界中有著非常重要的影響。假設水的最大密度，如同其他液體一樣落在它結冰的凝固點上，那麼最冷的水會一直沈到水域最深的底部，於是湖泊冬天結冰，會從底部凍起，影響所及是一到冬天，整個湖泊裡的生物便會全數凍死。所幸這種情形不至於發生，因爲沈在湖底、密度最大的是4°C的水，而冰點0°C的水反而較輕，會浮在表面上，並且就在水面上凝固結冰，讓冰下的湖水仍能保持液態。

讓咱們更仔細地觀察一番，當水面上的空氣溫度降到比水溫低的時候，主要的冷卻效應，都只發生在與空氣接觸的湖面。被冷卻下來的水因密度變大而下沈，但是在其他部位的水，得比表面水的密度低些，才浮得上來。

假如有個湖，湖水的原先溫度是10°C，從10°C冷卻到0°C，當

▶圖 21.12
因為水的冷卻主要只發生在湖面，它一邊降溫，一邊因密度變大而下沈，直到整個湖的水全成了 4°C。而唯有到了那個時候，湖面的水才能進一步冷卻到 0°C，並且不再下沈。

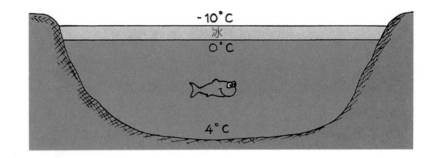

然不可能不經過 4°C。一旦湖面的水冷卻到了密度最大的 4°C 時，它沈下去後即不會再上升。除非整個湖裡的水溫全部都成了 4°C，否則湖裡的 4°C 水不會浮上來做進一步冷卻，所以在結冰之前，整個湖水會先冷到 4°C。而唯有在這個情況發生之後，湖面的水才會一度一度地冷卻下去，直到最後結冰。

如此一來，湖面的水會率先凝固結冰。若是開始結冰之後，湖水繼續冷卻，則緊貼著冰下面的 0°C 水，會首當其衝跟著結冰。湖水結凍，都是由上而下，所以嚴寒的冬季比起較暖和的冬季來，前者湖面所結之冰較厚。

非常深的水潭，即使遇到最寒冷的冬天，也往往不會結冰。究其原因，由於水潭表面的水，要冷到 0°C 才能開始結冰，而在此之前，整潭潭水必須先降到 4°C，雖然冬季溫度夠低，卻往往時間不夠長，來不及把整潭水冷卻到 4°C。如果潭水只有一部分到達 4°C，它只會沈往湖底。由於水具有很高的比熱，以及很差的導熱能力，寒帶有些深水湖泊裡，湖底一年到頭都維持在 4°C。湖內的魚兒應該高興，因為唯有在自然界如此巧妙的安排下，牠們才得以存活。

觀念一把抓

觀念摘要

溫度是說明某樣東西有多麼熱或多麼冷的計量。

◆ 溫度跟理想氣體內的分子平均平移動能的大小，直接成正比。

熱是兩樣東西之間，由於溫度有差別而傳遞的能量。

◆ 物質不含熱，它所含的是內能。

比熱是一種衡量值，說明把一單位質量物質，溫度增高一度所需要
的能量。

◆ 比起其他常見物質來，水的比熱特別高。

物質大多傾向熱脹冷縮。

◆ 通常液體比固體膨脹起來要快些。

◆ 在類似的溫度、壓力變化範圍內，氣體遠比液體或固體膨脹得
　 快些。

◆ 水在這方面非常不尋常，它在 0°C 到 4°C 之間，居然隨溫度上
　 升而體積變小，且在凝固成冰後，比起原來的液態來，密度反
　 而降低了。

重要名詞解釋

凱氏溫標 Kelvin scale 一種溫度指標，它的零度（稱爲絕對零度）是指從物質中不能抽取出任何內能時的溫度。0 K ＝ － 273℃。凱氏溫標中沒有負值的溫度。（21.1）

絕對零度 absolute zero 任何物質中每一粒子皆無動能（即熱能）可傳遞時的溫度，也就是－ 273℃。（21.1）

華氏溫標 Fahrenheit scale 在美國普遍使用的溫度指標，將水的凝固點定爲32，沸點定爲212（在一大氣壓之下）。（21.1）

溫度 temperature 表示材料以某種狀態爲標準下，是冷還是熱的一種性質。對於理想氣體而言，那是每一分子的平均動能。（21.1）

攝氏溫標 Celsius scale 一種溫度指標，於一大氣壓下將水的凝固溫度定爲零，水的沸騰溫度定爲100。（21.1）

熱 heat 經由分子的隨機運動而產生的能量傳送，造成獲得或損失內能。（21.2）

熱接觸 thermal contact 兩個或多個物體或物質相互接觸，並使熱可以自一物流至他物的一種狀態。（21.2）

熱平衡 thermal equilibrium 兩個或多個物體或物質在熱接觸之下，它們達到共同溫度的一種狀態。（21.3）

內能 internal energy 物質之中，儲存於原子或分子內的總能量。（21.4）

千卡 kilocalorie 熱能的一種單位。一個千卡等於1000卡路里，也就是將1公斤的純水提高溫度1℃所需要的熱量。（21.5）

卡 calorie 熱量的單位。每卡路里（符號是cal）是將1公克的水提升溫度攝氏一度所需要的熱量。大寫C的Calorie稱爲大卡或者千

卡，是卡路里的一千倍。大卡（千卡）單位是用以指示食物中所存
的熱量。（1卡＝4.184焦耳　或　1焦耳＝0.24卡）。（21.5）

比熱容量　specific heat capacity　將一單位質量的物體提升攝氏一度
的溫度所需的熱量。（21.6）

恆溫器　thermostat　一種閥門或開關，可在溫度正在變化時立即反
應，以使溫度仍然保持不變。故可用來保持東西的溫度。（21.8）

雙層金屬片　bimetallic strip　兩片不相同的金屬，例如一片是銅而
一片是鐵，被銲接或鉚合在一起成為一片。由於兩種物質的膨脹率
不同，這接合成一片的金屬片被加熱或冷凍就彎曲起來，可用於恆
溫器中控制溫度。（21.8）

借題複習

1. 溫度一般是如何測量出來的？（21.1）
2. 在攝氏溫標上，冰的熔點跟水的沸點之間，被劃分成多少度？而
   華氏溫標上，又劃分了多少度？（21.1）
3. 為什麼說物質含熱是不正確的？（21.2）
4. 有熱接觸的物體之間，若溫度不同，熱的流向會是怎樣的？
   （21.2）
5. 我們說用溫度計量出來的，不過是溫度計自己的溫度，這是啥意
   思？（21.3）
6. 熱平衡是什麼？（21.3）
7. 內能又是什麼？（21.3）
8. 小卡跟大卡之間有啥不同？（21.5）
9. 我們說某樣物質具有高、或是低的比熱容量，意思是指什麼？

（21.6）

10. 加熱時，溫度竄升得很快的物質，通常是有高、還是低的比熱容量？（21.6）

11. 水的比熱容量跟其他一般物質的比較，有無不同？（21.7）

12. 爲什麼北美洲的西岸比起東岸來，不只冬季月份天氣較暖和，夏季月份也較涼爽？（21.7）

13. 雙層金屬片在加熱或冷卻時，爲何會彎曲？（21.8）

14. 固體、液體、或是氣體在加溫時，哪樣膨脹得最快？（21.8）

15. 水在哪個溫度下密度最大？（21.9）

16. 由於其特殊敀形晶體結構，冰的密度比水的密度還低些。但是爲何0°C的水比起4°C的水，密度上也小了些？（21.9）

17. 爲何大小湖泊結冰時，都是由上往下，而不是從水底開始？（21.9）

18. 爲什麼冬季裡，水淺的湖泊很快會結冰，而水深的湖泊則往往完全不結凍？（21.9）

想清楚，說明白

1. 如果你把一塊很燙的石塊丟進一桶水裡，石塊跟水的溫度都會改變，直到雙方溫度一致爲止，其間石塊會冷卻、水會加溫。如果這石塊是被丟進了一個大湖，原則是否依然不變？試說明之。

2. 假如你在一個非常熱的日子裡，出外用一捲鋼帶尺，依照地圖上標示的長度去丈量一塊地，你認爲你量出來的土地面積會比眞實的面積來得大或小？

3. 一個金屬球的大小，剛好可以穿過某個金屬環，若是單把這個球加熱，球因熱膨脹之後，便無法再穿過金屬環。如果我們加熱的對象，不是球而是環，結果會怎樣？球仍然能穿過加過熱的金屬環嗎？環洞的大小是比以前大了<u>些</u>、小了<u>些</u>、還是沒變？

4. 一根緊貼著地面、環繞地球的鋼管環，在溫度增高1℃後，會一瞬間跳升到64公尺高的空中。如果我們反升爲降，把這根鋼管環的溫度調低1℃，結果會是怎樣？

5. 把一個溫度很高、大小剛好的鐵環，套在一個冰冷的黃銅圓柱體上，隨著溫度平衡之後，鐵環「被鎖死」在固定位置上，甚至再加熱，亦不能把鐵環再取下來，這個步驟叫做「收縮套牢法」。它是如何發生的？又你是否能從這項工藝中獲知，任何有關鐵跟黃銅熱膨脹率的訊息？

6. 你正在吃披薩，一口咬下去，披薩上的醬汁非常燙嘴，但是麵餅部分雖然溫度相同，卻不會覺得很燙，爲什麼？

7. 在數十年以前，人們作興帶著一件熱的東西上床取暖。若換成是你，你會選擇哪一樣，是一塊10公斤重的鐵塊，還是一袋有同樣溫度、10公斤的水？試加以解釋。

8. 在一個大熱天裡，你從一個野餐冰箱裡同時拿出來一個冷西瓜和一些冷的三明治，哪樣會維持低溫長久些？爲什麼？

9. 冰島之所以如此命名，乃是從前爲了避免強大帝國的覬覦。雖然它的地理位置幾乎就在北極圈上，卻一點也不符合它的地名給人的冰天雪地印象。冰島的平均多季溫度，比起與它緯度相同的格林蘭東部，以及西伯利亞中部來，要暖和得多。爲什麼會如此？

10. 爲什麼溫帶地區水管的防凍措施非常重要？

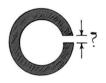

11. 假如你把一個金屬環切掉一小塊,就像圖上一樣,形成了一個小缺口。這時你把它加熱,那缺口會變寬,還是變窄?

12. 如果構成雙層金屬片的兩種不同金屬,正好具有同樣的膨脹率,這根雙層金屬片還能有作用嗎?它們膨脹率不同是否很重要?請解釋之。

13. 試說明在下列各溫度時,水會隨加溫而膨脹,還是收縮:0°C,4°C,6°C。

14. 除了表現在溫度上、涉及整個分子的移動外,有些分子還能夠吸收大量的能量,轉變成為分子本身的內振動跟轉動等形式的能。以你的想法,由這種分子構成的物質,應該具有很高還是很低的比熱容量?為什麼?

15. 假如水的比熱容量不像實際的這樣高,則湖泊在冬天裡,是比較容易結凍呢,還是比較難?

沙盤推演

熱傳遞可由公式 $Q = mc\,\Delta T$ 求出,若質量 m 的單位用公克,比熱容量 c 的單位用卡/公克°C,溫差 ΔT 的單位用°C,則得到的熱 Q 是卡數。

1. 試計算把 500 公克水的溫度增高攝氏 50 度所需要的熱。

2. 試計算 500 公克的水,從 50°C 降溫到 20°C 所放出的熱。

3. 一塊 30 公克的鐵,先把它加熱到 100°C,然後丟進冷水中,鐵塊的溫度降到了 30°C。請問鐵塊在降溫過程中損失掉,或是傳遞給了水多少卡?(鐵的比熱容量是 0.11 卡/公克°C)。

4. 如果把同樣的 30 公克鐵塊,丟進另一容器的水裡,這回鐵塊降

溫損失了165卡，試計算鐵塊的前後溫度改變。

5. 需要多少質量的水，才能在溫度從80°C降到68°C的過程裡，釋放出240卡的熱量？

6. 把一塊50公克、溫度100°C的鋁丟進水裡，它損失了735卡的熱，同時溫度降到30°C。試計算鋁的比熱容量。

實戰演練

1. 如果你希望把100公斤的水提升15°C，用來洗澡，你需要多少熱？（把你的答案換算成若干卡跟若干焦耳。）

2. 如果你把1公升20°C的水，和2公升40°C的水混合，最後溫度會是多少？

3. 如果你把1公升40°C的水，和2公升20°C的水混合，最後溫度會是多少？

4. 一塊50公克重、溫度100°C的金屬，使得400公克水，從20°C升高到22°C。這種金屬的比熱容量是多少？

5. 一根1公尺長的金屬棒，加熱之後延伸了0.5公分，假如有一根100公尺長的金屬棒，加熱之後會延伸多少？

6. 鋼材在溫度每上升1°C時，就會延伸原來長度的100,000分之一。假如有座鋼材吊橋，它的主跨距長1.5公里，而整座橋上，沒有膨脹接頭，那麼溫度升高20°C後，這橋的主跨距會延伸多少？

第 22 章

熱傳遞

熱的自然傳遞方向，永遠是從較暖的物體傳到較冷的物體。如果有好幾樣溫度不同的東西，彼此靠得很近，則其中熱的會涼下來，冷的會暖上去，一直等到大家的溫度都一致了才停止。這樣子的溫度平衡，可由三種方式達成：「傳導」、「對流」與「輻射」。

22.1　傳導

如果你用手握住一根鐵棒的一頭，把另一頭伸進火燄裡，不消

片刻，手便燙得抓不住了，顯然熱以「傳導」方式，透過金屬傳遞了過來。熱的傳導可發生在物質內部，也可發生在互相接觸的不同物質之間。容易傳導熱的物質，被稱爲熱的「導體」，金屬是物質中最好的導體，而在普通金屬當中，銀的導熱性最佳，以下依序爲銅、鋁、鐵。

我們可用原子或分子，以及與其外圍鬆散的電子之間發生相互碰撞，來解釋傳導。在前述的鐵棒例子裡，火焰使被燒一端的原子振動得更快，這些原子牽動它們附近的原子，而這些被牽動的原子又牽動其他原子，如此一而再、再而三，即把熱傳遞開來。更重要的是，那些原本可以在金屬中到處遊蕩的自由電子，被衝激得各處亂竄，並且經由與原子和其他自由電子碰撞，把能量傳遞到鐵棒內部各處。

因此，凡是具有「鬆散的」外圍電子的物質，都是很好的熱導體（也是好的電導體）。正是因爲金屬有「最鬆散的」外圍電子，所以它們是熱跟電的最優良導體。

用手去摸你身旁的一件木質和一件金屬東西，看看哪個感覺起來比較冷？再想一想哪個確實是比較冷？你這兩個答案應該不同。如果這兩件東西都在你伸手可及的範圍之內，它們的溫度應該相同，都等於室溫，所以誰也不比誰冷。不過話說回來，金屬感覺起來比較冷，因爲它是比較好的導體，熱很容易便從你溫暖的手上移轉到較涼的金屬中。與此相對地，木材是種很差的導體，難得有熱從你手上移轉到木頭裡去，因而你的手感覺不出你正在觸摸冷的東西。木材、羊毛、草料、紙張、軟木、以及聚苯乙烯（俗稱保麗龍）等物質，拿來當導體，效果都相當拙劣。但缺點未必就不是優點，它們能夠延緩熱傳導，因而被稱爲好的「絕緣體」。其實愈是差勁的

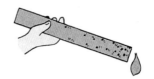

▲圖22.1
從火焰來的熱，使得金屬棒直接被燒的一端，其中原子和自由電子不只是本身振動加速，並且推擠、衝擊它們左右那些並未接觸火焰的原子和自由電子。這些鄰近的原子和電子，又依次影響它們附近的同類。如是沿著金屬棒，逐步前進，最後把熱傳遞到手握著的另一端。

▲圖 22.2
踩在瓷磚地上的赤腳，會覺得特別冷；但是踩在相同溫度的地毯上，則感覺很暖和。因為瓷磚是比地毯還要優良的熱導體。

▲圖 22.3
一床「暖和的」毛毯，並不會供熱給你。它只是減緩你身體熱度向外傳遞的速率。

導體，就愈是優良的絕緣體。

液體跟氣體，通常都是很好的絕緣體。空氣是好幾種氣體的混合物，它傳遞熱的效率很差勁，因而是非常好的絕緣體。多孔物質裡面，包含著許多微小空氣氣泡，所以成為好的絕緣體。一些諸如木材、毛皮及羽毛之類的物質，它們所具備的優異絕緣性質，主要得歸功它們材質內包含的空氣氣泡。鳥兒經常喜愛弄鬆羽毛，用意在增加羽毛中的氣室空間，改進羽毛的絕緣功效。幸好空氣不是一種好的熱導體，否則 25°C 的春天氣溫，會叫你冷得吃不消！

雪花的晶體中間，包藏著大量的空氣，使得雪花成為很好的絕緣體，因此能把地面散熱的速率減緩下來。雪花為愛斯基摩人的住宅擋住了嚴寒，也在寒冷的多夜裡替露天的野生動物保暖。雪的功用就像毛毯一樣，它不是可以供熱的熱源，但它可以不讓熱量散發得太快。

熱是一種能量，而且是可觸摸的東西，冷卻不是，冷僅僅是缺少了熱。嚴格說來，世間並沒有叫「寒冷」的東西，只有熱，才能穿透導體或絕緣體，而被傳遞過來、傳遞過去。我們加強住屋的絕緣能力，實質上不是要把寒冷擋在戶外，而是要把熱保留在屋內，不讓它跑出去。屋子裡變冷，原因無他，不過是屋裡原有的熱，逐漸流散，溜出去了。

這兒有件事，你必須記下來，就是如今世上還沒有能夠百分之一百完全杜絕熱流通過的絕緣體，一切現有絕緣體，只是能夠降低熱穿透它的速率而已。不管絕緣措施做得多好，溫暖的住家一遇寒冷天氣，若沒暖氣，遲早都會逐漸變冷，絕緣措施只能幫助延遲熱的傳導，或減少熱的流失。

❓ Question

1. 如果你手拿金屬棒抵住一塊冰，你抓住的那一頭不久就會變得很冰涼，這是由於寒冷從冰塊那兒，沿著棒子流到你手中了嗎？

2. 比起玻璃來，木材是較好的絕緣體。但是為什麼，反倒是纖維玻璃被廣泛用來絕緣木造房屋呢？

3. 你可以把手伸進一個熱烘烘的披薩烤箱裡，並且可把手待裡面長達數秒鐘而不會受傷。可是千萬得小心，別讓手指頭碰到烤箱裡的任何金屬表面，即使接觸僅短短一秒鐘，也會燙傷手指。為什麼？

❹ Answer

1. 沒有所謂的「冷」能從冰塊經過那根金屬棒，流向你的手中。而是「熱」從你的手中，間接流進了冰塊。金屬之所以讓你的手感覺冰涼，是因為你的手把熱傳給了金屬。

2. 纖維玻璃是很好的絕緣體，比實質玻璃要好許多倍，原因是在纖維玻璃之間包藏著無數個充滿空氣的微小氣室。

3. 由於空氣是種劣質導體，所以烤箱中的熱空氣不會迅速把熱傳到你手上。觸摸烤箱中的金屬，就不一樣了！金屬導熱非常快，一旦跟手接觸，在極短時間內，大量的熱便經由傳導進入你的手指，難怪會被燙傷。

22.2　對流

前面提過，經由傳導的熱傳遞，牽涉到分子間的能量轉移。過

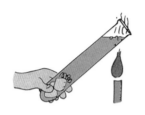

▲圖22.4
在試管上方加熱，因為水的對流
受到干擾，只能靠傳導的方式將
熱傳至下方。但水不是一種好的
熱導體，所以上方的滾水也無法
熔化下面的冰塊。

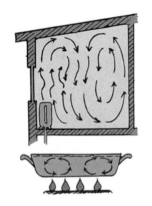

▲圖22.5
上圖是空氣對流路線，下圖是液
體對流的情形。

程前後，能量從一處轉移到了別處，但分子卻留在原來位置。另一種熱傳遞的方式，則是利用較熱物質的移動。例如空氣跟熱火爐直接接觸後，變熱、膨脹而往上升，以致於爐子上方變暖；在地下室鍋爐裡燒熱的水，會自動上升流進地面各樓層中的暖氣系統內。這就是「對流」，靠著流體的流動來傳遞熱。

有個很簡單的示範，可用來說明傳導跟對流之間的差異，拿一些鋼絲絨，纏在一枚冰塊上，再把它放進一根幾乎裝滿水的試管，務使冰塊沈到水底，用手直接抓住試管的底端，把試管上半部放進本生燈的火焰裡。如圖22.4所示，試管中、上方部位的水滾滾沸騰時，下面的冰塊卻依然固我，不會熔化。此乃由於熱水的密度較低，只會停留在試管上端，熱能要到達冰塊，必須經由傳導方式。從此示範中，我們可以看出，水不是一種好的熱導體。

重複再做一次這個實驗，只是這回冰塊上不纏鋼絲絨，好讓冰塊浮在水面上，用支鉗子夾住試管上端，並且從試管底部加熱。這次的結果是，冰塊不一會兒便熔化了。因為試管底部的水，加熱之後密度變小上浮，熱藉由對流的方式，很快到達試管上端，傳給了冰塊。

對流現象發生在所有流體裡面，液體、氣體都一樣，無論我們是在鍋裡燒水、或是加熱屋子裡的空氣，過程都相同。當流體被加熱，它會膨脹，密度變得較小，然後向上浮升。較暖的空氣或水往上攀升，跟水裡的木塊上浮，以及氫氣球在空氣中上升的道理，完全一樣。事實上，對流無非是阿基米德原理的一項應用，因為周圍密度較高的流體使得較暖的部分上浮，而較冷的部分則相對下沈。同樣的程序一再重複，如此一來，對流中的流體，除了達成加熱效果之外，還被攪和、混合起來。

> **▶物理 DIY**
>
> **觀察對流**
>
> 　　把一個裝滿水的燒杯放在火上，燒到沸騰，然後滴進幾滴深色顏料或食用色素，你會發現它們擴散得非常迅速。仔細觀察顏色的動向，你能看出它是循著對流路線在移動嗎？點燃一根火柴之後，把它吹熄，然後拿著火柴不動，看看煙的走向。煙朝哪個方向走了？煙的走向，可否當成一個對流的例子？請解釋。另外還有什麼地方，你能看到對流路徑的痕跡？在熱爐灶的上方空氣中，是否也可以看得見？

刮　風

　　對流中的氣流，攪拌著大氣，造成刮風現象。地球表面上，有些地區比起其他地區，可以快速吸收太陽能，這個不平均的吸收，造成地表附近空氣的加熱不均勻，因而促成相對氣流。在海濱，這種現象通常很明顯，白天時岸上的空氣比水面上的較易上升，於是岸上空氣往上移，使得海面上較冷的空氣飄過來填補，取代熱空氣留下的位置，結果就成了習習海風（見下一頁的圖22.6）。

　　夜晚把這個程序剛好顛倒了過來，由於陸地比海水冷卻得較快，夜間海面上空氣的溫度變得較高。如果你在海邊升個火堆取暖，你會注意到火堆冒出的煙，白天時吹向內陸，入夜之後，則轉吹向外海。

圖22.6▶
相對氣流都是由於加熱不均勻而
引起的。白天陸地比水面熱,而
夜裡又比水面涼,因而空氣的流
向日夜相反。

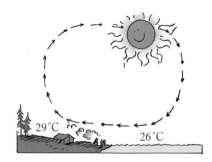

為何上升中的熱空氣會轉涼

　　上升中的熱空氣,就好像是上升中的氣球,會膨脹起來。為什麼?原因是到了高處,它周圍的大氣壓變得比較低。而每當空氣膨脹時,它的溫度就會自然下降,就像它被壓縮時,溫度會往上升一樣。如果你曾經用過打氣筒壓縮過空氣,你可能已經注意到,被壓縮的空氣以及打氣筒本身,都會逐漸變熱。膨脹既然跟壓縮正好相反,當然會帶來相反的效應,亦即轉涼。

　　我們若是把空氣中分子,想成互相碰撞的小球,便能理解膨脹

▶ **物理 DIY**

一隻妙手

　　張大嘴,對著你的手哈氣,你會感覺到呼出來的空氣蠻溫暖的。現在把嘴唇噘起來,讓嘴只剩下一個小洞,然後再向你的手吹氣,這回吹到手上的空氣溫度,仍然是同樣感覺嗎?在以上兩種情況下,哪回你呼出來的空氣,會膨脹得大些,是張大了嘴,還是噘起嘴唇?哪次的空氣吹到你的手上時,感覺比較涼快?

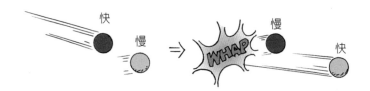

◀圖22.7
當一個正在往前飛的分子，跟另一個正在倒退的分子撞上，前者的速率會在碰撞結束之後變慢下來。

中空氣轉涼的這個現象。一粒球要是被另一粒速度較快的球，從後面追上來撞上，前面的球由於被推，會加快速度，而從後面那粒球的立場來說，它被一粒倒退的球撞上，當然會減低原來速度（見圖22.7）。也好似正在飛的乒乓球，如果後方被揮過來的球拍擊中，球會加快速度，如果迎上的是個倒退的球拍，乒乓球的速度就會減緩下來。把同樣的道理用在膨脹中空氣的各個小區域裡，平均來說，飛離該區域的分子數目會比飛攏來的多（見圖22.8），因而在膨脹空氣中，平均分子速率會逐漸減低，使得空氣溫度下降。那麼能量呢？它跑到哪兒去了？等讀到本書第24章，我們就會了解，由於這個小區域的範圍，實質上向外推出去了一些，也就是範圍內空氣對它周圍的空氣做了些功，這些功就是由熱能轉化得來的。

❓ Question

你可以把手指伸在蠟燭火焰的旁邊，而不會被燙傷，但千萬不可把手指伸到火焰的上方，為什麼？

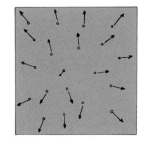

▲圖22.8
以正在膨脹的空氣中的一個分子來說，在它附近範圍內撞上一個相對來說正在倒退的分子，應比撞上迎面而來的分子機會較大，因而每次撞擊之後，它的速度多是趨向於減緩，使得溫度下降。總而言之，膨脹中的空氣，溫度自然下降。

Answer

即使空氣是個很差勁的導體，熱還是會透過對流，向上傳遞。

22.3　輻射

從太陽來的熱，能夠穿透大氣層，溫暖著地球表面。它在穿透大氣層時，不是藉由傳導，因為空氣實在是最壞的一種導體。它也不是經由對流，因為對流得等到地面熱了之後，才會開始。我們也知道，傳導跟對流都不可能在真空中發生作用，而大氣層跟太陽之間，幾乎就是空無一物。太陽的熱是以另一種方式傳遞了過來，那就是「輻射」。輻射這個詞，不只一個意義，千萬不要把熱的輻射，跟放射性物質的輻射弄混了，放射性輻射是由放射性原子核，諸如鈾和鐳等釋放出來的。

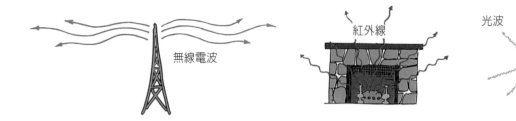

▲圖22.9
各種類型的輻射能（電磁波）。

包括熱在內的任何能量，只要是經由輻射方式傳遞後，就一概稱之為「輻射能」。輻射能都是以電磁波的形式存在，它包括無線電波、微波、紅外輻射、可見光、紫外輻射、X射線、以及加瑪射線。以上各種輻射能，是按照波長順序列出，由最長到最短。紅外

物理 DIY

遮住紅外輻射

你閉著眼睛，坐在壁爐的爐火旁邊，眼簾上會感覺到熱烘烘的，這熱烘烘的感覺來自紅外輻射，因為大部分燒熱了的空氣，都順著煙囪向上跑掉了，而眼簾對紅外輻射最敏感。現在去拿副眼鏡來戴上，頓時你就不覺得眼睛那麼熱。為什麼呢？眼鏡上的玻璃或塑膠鏡片，能讓可見光穿過，使你仍舊看得見爐火。但是它會吸收掉紅外輻射，因此它替你遮住了爐火輻射出來的熱。

▲圖22.10
當繩子被搖晃得比較快速的時候，繩子上就會產生波長較短的波。

（即低於紅色）輻射，比所有可見光的波長要長。而可見光中，波長最長的是紅色光，最短的則是紫色光，紫外（即超過紫色）輻射的波長則更短。我們將在《觀念物理》第 4 冊第 25 章裡再討論波長，然後在第27跟37兩章裡討論各類電磁波。

　　所有的物質都在不停地散發出各種不同波長的輻射能。溫度低的物質發射出來的輻射波長較長，正如你不帶勁地搖晃一根繩子，繩子上出現的波形是又長又慢（圖22.10上）。溫度高的物質，則發射出較短的波。在我們平常碰到的溫度範圍內，物質發射出來的波，大多屬於紅外區的長波部分，而紅外區是在無線電波跟可見光波之間。我們的皮膚，會吸收紅外區的短波部分，產生熱的感覺。所以每當我們提到熱輻射，所指的就是紅外輻射。

▲圖22.11
壁爐裡產生的熱，大部分經由對流作用，都從煙囪裡升上了天。讓屋子裡的我們感覺暖和起來的熱，是經由輻射方式傳送到達我們身上。

如果物質溫度夠高，它發出來的輻射能，部分會落在可見光波範圍內，譬如物質溫度到達 500°C 左右，它開始發出最長的可見光，也就是紅色光。溫度再高一些時，則產生黃色光。等到高達 1200°C 左右時，所有眼睛可感覺得到的各種波，全發射了出來，於是我們根據眼睛看到的，說該物質已呈「白熱化」了。

能夠造成熱感的最常見來源，有壁爐裡還在燃燒的餘燼、熾熱的燈絲，以及太陽。它們都發放出紅外輻射和可見光。當輻射能照射到其他物體上時，部分被反射出去，部分被吸收，那被吸收的部分，就增加了該物體的內能。

22.4　輻射能之吸收

吸收跟反射是兩個互逆的程序。所以，好的輻射能吸收體，僅只反射很少量的輻射能，其中包括我們稱之為光的輻射範圍，以致於良吸收體看起來很暗。而不反射半點輻射能的完全吸收體，看起來便完全呈黑色。譬如眼睛的瞳孔，由於它只讓輻射能進入，而幾乎全無反射，因而看來是黑色。不過一些用閃光燈拍攝的人像照片，赫然會出現粉紅色的瞳孔，其實那跟瞳孔本身無關，而是閃光被眼球後方的視網膜反射回來，造成的效果。

我們向一堆管子看過去，所有管子口都呈黑色。在大白天裡，遠望房屋開著的門窗，它們也都是呈黑色，之所以這些開口呈黑色，原因在於輻射能從開口進入後，在內壁上會來回地反射，每次都有一部分被吸收，等到終於有機會從開口反射出來時，也所剩無幾了（圖 22.12）。

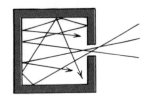

▲ 圖 22.12
輻射能從開口進入後，幾乎完全沒有機會在被吸收之前就從同一開口離開。

另一方面，好的反射體就是壞的吸收體。淡色物體顯然比深色物體能反射較多的光線跟熱，因此一到夏季，淺色衣著會使穿的人涼爽一些。

22.5 輻射能之發射

優良的吸收體，會是個好的發射體；反過來說，不良的吸收體，也是很差的發射體。比方說，結構精良的無線電天線，即使原先設計是用來發射無線電波，它也一定會是好的無線電波接收器。若設計不良，當發送天線不靈光，也會是個不稱職的接收器。有趣的是，假如好的吸收體不同時也是好的發射體的話，則黑色的物體會一直保持比淺色物體的溫度高些，兩者永遠不能達到熱平衡。

前面我們說過，凡有熱接觸的物體，終會達到熱平衡，一旦達到平衡之後，每樣物體必須同時發射出並吸收等量的能。所以一個吸收大量輻射能的深色物體，必須也發射出大量的輻射能才行。在豔陽高照的戶外，所有黑色的物質，諸如道路路面或黑色汽車車身等，不斷吸收大量陽光，溫度會一直比周遭環境高，難以達成熱平衡。得等到太陽下了山，夜裡它們冷得較快，熱平衡才會達成。

為了證明是否真的如此，你可以去找一對金屬容器來，同樣大小、同樣形狀，只是其中一個有白色或鏡面的外表，另一個外面塗成黑色（圖22.14）。先把兩個容器裝滿熱水，水裡各插上一支溫度計，你會發現，黑色容器的溫度下降得比較快些。塗黑了的表面，是較佳的發射體，所以熱咖啡或熱茶，若裝在有著閃亮鏡面外殼的壺內，比起在黑色壺裡，熱度會維持得長久些。

▲圖22.13
任何有著鏡面似外表的東西，會把所遇上的輻射能大部分給反射出去。那也是為什麼，它是輻射能的不良吸收體。

你也可以倒過來做同一實驗，這次把容器裡裝滿冰水，然後把它們並排，放在一個好的輻射能源附近，諸如壁爐前面或是就在戶外大太陽下。你會發現黑色容器的溫度上升得快些。因而實驗結果是，好的輻射能發射體，會同樣是好的吸收體。

圖22.14▶
兩個同式樣容器，都裝滿了熱水，外面塗黑的那個會冷卻得快些。如果兩者裝滿了冷水，然後一起暴露在輻射能之下，仍然會是塗黑的那個溫度上升得快些。為什麼？

至於一個表面所擔當的角色，是發射體還是吸收體，得由它跟周遭的溫度來決定。如果該表面溫度比周遭高，它會成為一個淨發射體，並逐漸冷卻。若它表面溫度比周遭低，就成了淨吸收體，溫度會逐漸上升。其實每個表面，不論是冷是熱，都同時在吸收且發射輻射能，如果一時之間，它吸收的輻射能多過它發射的輻射能，則它成為淨吸收體。一旦發射的輻射能多過了吸收的輻射能，則它又變成淨發射體。

晴朗的白天，地球表面是個淨吸收體。但是一到夜晚，它就成了淨發射體。若是夜間無雲，它的「周遭」是無盡的冰冷穹蒼；有雲的夜間，它由附近的雲層籠罩著。所以無雲的時候，冷卻的速率較快，所有創低溫紀錄的寒夜，都是萬里無雲之下才會發生的。

下回你有機會直接暴露在大太陽下時，不妨做個試驗：走出走進陰影，來感覺一下接受輻射能的前後差異。然後想一想，由太陽發射出來的熱，走了大約一億五千萬公里才到達你身上，還能維持這樣巨大的能量，道理在哪裡？是因為太陽特別熱嗎？即使感覺

上，太陽還不及修車廠裡燒焊槍噴出的火焰，你仍能感覺到太陽熱力驚人，倒不是因為太陽的熱（雖然它的溫度，的確非常高），主要原因是在它的體積很「大」，非常、非常之大！

❓ Question

1. 假設一個好的輻射能吸收體，卻是差勁的發射體，那麼它的溫度，跟它的周圍環境比較起來如何？
2. 把暖氣機的外表，塗成黑色還是銀色，哪種會得到較高的散熱效率？

Ⓐ Answer

1. 假設一個好吸收體，卻非好的發射體，那麼它就會一直有個輻射能淨吸收存在，以致它的溫度一直高過它的周圍環境。唯有在好吸收體同時亦即好發射體的自然條件下，我們周遭的一切物體，才會朝向共同的溫度靠攏，達到熱平衡。
2. 暖氣機所供應的熱，絕大部分是靠著對流方式傳遞出來，所以顏色並非非常重要。不過若要講求最佳效率，暖氣機應該塗成黑色，來增加由輻射方式傳出的熱。

生物中的物理
腦袋能加溫的抹香鯨

　　水的密度跟隨著水溫而變化。抹香鯨的大腦袋裡，有兩到三噸重的油脂，其密度和抹香鯨腦袋的溫度同樣有著密切的關係。抹香鯨藉著改變腦袋裡油脂的溫度，來調整整個身體的平均密度。而透過身體密度的調整，牠能控制自己的浮力，以便對付周圍水域溫度上或密度上的起起伏伏。這可真鮮，教人意想不到吧？

22.6 牛頓的冷卻定律

我們知道，任何物體的溫度，若有異於周遭環境時，兩方面的溫度終歸會變成一致。原先較熱的物體會冷卻下來，同時把周圍溫度提高；較冷的物體則溫度上升，並同時把周圍溫度拉低下來。

物體冷卻的速率，取決於該物體與周圍環境的溫差。剛從烤箱裡拿出來的蘋果派，若放置在冷凍櫃內，它每分鐘降低的溫度，比留在廚房餐桌上要大許多。原因就是在冷凍櫃內，蘋果派跟周圍的溫差比較大。同樣道理，室內外的溫差愈大，房子裡的暖氣會消失得愈快，所以冷天裡，如果想把房間內的溫度調得更高，就得付出更多的燃料費。總之，冷、熱雙方溫度差愈小，熱的那方冷卻的速率，就會變得愈慢。

此處我們所說的冷卻，包括了傳導、對流、與輻射所有方式在內，而物體冷卻的速率，和該物體與周遭之溫差 ΔT，略成正比。也就是：

$$冷卻速率 \propto \Delta T$$

這就叫做「牛頓冷卻定律」。（猜猜看，一般公認是誰最早發現這條定律？）

這條定律雖然說的只是冷卻，其實也適用於加熱。如果物體的溫度比周遭環境低，它的溫度上升速率，同樣會跟 ΔT 成正比。所以在比較暖和的房間內，冷凍食品回溫的速率，比在較冷的房間裡要快一些。

② Question

既然一杯滾燙的茶失去熱量的速率，快過一杯微溫的茶，
那麼那杯滾燙的茶，會在微溫的茶冷卻到室溫之前，先到
達室溫嗎？

④ Answer

當然不會。雖說熱茶的冷卻速率較快，但它在達到最後的熱平
衡之前，需要較長的冷卻時間，兩者冷卻時間上的差別，正等
於該杯熱茶冷卻到另外那杯微溫茶原先溫度的時間。所以必須
記住：「冷卻速率」跟「冷卻時間」，完全是兩碼子事。

22.7　全球增溫與溫室效應

大熱天裡，若是把豔陽下的汽車窗子都給關上，車內很快會變
得非常熱，比起車外空氣溫度高出很多，這就是一個「溫室效應」
的例子。溫室效應名稱的由來，就是因為種花人家的玻璃溫室裡也
有同樣的溫度攀升現象。要了解溫室效應，需要知道兩個概念：

第一個概念前面提到過，那就是一切東西都在發射輻射，而輻
射的波長，取決於發射輻射的那件物體的溫度，高溫物體發射短波
輻射，低溫物體則發射長波輻射。我們需要知道的第二個概念，乃
是各種物體，諸如空氣和玻璃，其透明度跟輻射波長有關。空氣對
長波的紅外線，以及波長較短的可見光，同樣透明，但是一旦空氣
中攙雜了過量的二氧化碳跟水蒸汽，紅外線便無法穿透過去，變成
不透明了。玻璃對可見光來說是透明的，但對紅外線卻不透明。

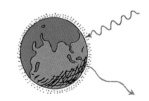

▲圖 22.15
外來的太陽輻射跟地球散發出去
的大地輻射之間，所達成的能量
平衡，會決定地球表面的溫度。

（在《觀念物理》第 4 冊的第 27 章裡，我們將會討論，透明度跟不透明度的物理意義。）

知道了這兩個概念後，我們再來看看，為什麼豔陽下的汽車會變得那麼熱：跟車子比較起來，太陽的溫度非常高，這表示太陽發出來的輻射波長非常短，這些短波能夠很容易地穿透過地球的大氣和車窗玻璃。如此一來，來自太陽的能量，便進入了汽車內部，除了極小部分被反射出去，其他幾乎全被吸收，使得汽車內部的溫度往上攀升。然而汽車內部也如同太陽一般，不斷輻射出它自己的波。所不同的是，由於車內溫度低得多，波長也就長了一些，於是這些再度輻射出來的長波，遇到對它不透明的窗玻璃便沒法穿透出去，而被留在車內，愈發使得車內溫度居高不下。車內溫度雖然很高，仍然不會高到發射出能夠穿透玻璃的短波來。（除非車內可熱到發出紅光，甚至更高變成白熱化。一般情況下，光靠曬曬太陽，不太可能到達那樣的溫度。）

同樣的效應，也發生在地球的大氣層內。對太陽輻射來說，大氣是透明的，因而地球表面得以吸收到太陽能，然後把其中部分的

圖 22.16 ▶
地球的大氣層，就像一個單向閥，它讓來自太陽的可見光穿過進入，但是大氣裡面的水蒸汽跟二氧化碳，擋住了大地輻射，不讓它離開。

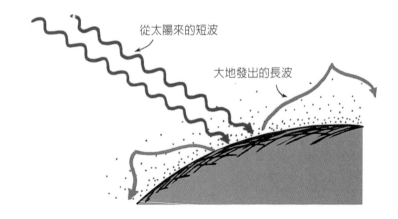

從太陽來的短波

大地發出的長波

長波長的再輻射能，不能穿透
玻璃逃出，以致被留在溫室內

來自太陽的短波長輻
射能，可以穿過玻璃

◀圖 22.17
來自太陽、波長較短的輻射能，
穿透過溫室的玻璃屋頂而照射了
進來。而溫室內，泥土發射出的
長波輻射能，卻不能夠穿透玻璃
逸出。收入超過支出，使得溫室
內溫度上升。

熱以較長的波再輻射出去。地球輻射出去的能量，叫做「大地輻射」。大氣層裡的廢氣（主要是二氧化碳和水蒸汽）會吸收這類長波長，也就是大地輻射能量中的大部分，然後再發放出來，使它回到地球表面上。所以是那些逃不出大氣層的長波輻射，繼續在溫暖著地表。還好有這個全球性的加溫過程，否則，地球表面的溫度會冷到－18°C。在過去五十萬年內，地球表面的平均溫度一直徘徊在19°C 與 27°C 之間，而如今正好碰上高溫點 27°C。我們面臨的環境問題是，大氣中不斷增加的二氧化碳和其他廢氣，很可能使得全球溫度再繼續升高，造成一種從未有的、但不利於生物環境的熱平衡。

相當有趣的是，種花人家的溫室得以維持溫暖，主要還是依靠玻璃把裡外空氣的對流切斷，使得溫室內的暖空氣無法跟外面冷空氣相互混合。我們前面所討論的溫室效應，在全球溫度上升過程中，確實扮演著重要的角色，然而對真正的溫室來說，反倒成了次要因素。

如果我們把好幾年之內所有的數據平均起來，地球接收到的太陽輻射量，會跟地球散發到太空去的大地輻射量，剛好完全相等，互相平衡。基於這個平衡的結果，決定出地表的平均溫度，從而支

持著我們所熟悉的生命現象。然而以橫跨數世紀，或至少數十年的較長時期來看，由於自然以及人為因素，地表溫度還是會有所改變。把某些物質添加到大氣裡面，就會改變太陽輻射的吸收跟反射方式。燃燒石化燃料會增高環境溫度，除非能量來自陽光、風力、或水力，地球上一切外加的能量消耗，都給環境增加了額外熱量。而這些外加能量的活動，可能改變地球長久以來的輻射平衡，進而改變地球表面的平均溫度。

　　還有個極重要的概念，就是「你永遠不可能只改變單獨一件事物」，因為任何一件事物發生變化，跟它有關的事物都會隨著一一改變，正是所謂牽一髮而動全身。例如，地球溫度一旦稍微升高，也就意謂著海洋溫度稍稍增高，造成比較多的水汽蒸發，而給地球兩極地區帶來稍多一些的降雪量。你知道，如今淹沒在冰雪下的地球表面，已經多過農地總面積，如此一來，可耕面積就更縮小。又擴大了的白色地球表面，會反射掉較多的太陽輻射，造成嚴重的全球溫度下降。所以如果今天過分地替地球加溫，很可能反而帶來明天的天氣溫度下降，甚至引發下一個冰河時期！是否真會如此，我們還不能確定。

　　但是我們確實知道，能量的消耗跟人口數量有關，因此我們嚴重質疑「經濟應該繼續成長」的這項觀念。（請詳讀《觀念物理》第 5 冊的附錄 F〈指數成長與倍增所需時間〉，非常重要。）

觀念一把抓

觀念摘要

經由傳導方式的熱傳遞，發生在某些物體內部，以及互相接觸的物體之間。

◆ 金屬是好的導體。

◆ 凡是差勁的導體，諸如木材、軟木、保麗龍，跟大多數液體和氣體，都是好的絕緣體。

對流方式的熱傳遞，得依靠較熱的物質自己移動位置。

◆ 對流會發生在一切流體內，包括液體跟氣體。

◆ 風是由攪動大氣的對流氣流所引起的。

經由輻射方式的熱傳遞，處處都會發生。從一切物體到其他物體，甚至穿過真空。

◆ 由輻射方式傳遞的能量，叫做輻射能。

◆ 輻射能的優良吸收體，反射極少量的輻射能，其中包括可見光在內，所以良好吸收體的外表看起來很暗。

◆ 好的輻射能吸收體，亦是好的發射體。

◆ 根據牛頓冷卻定律，物體的冷卻（或加溫）速率，跟該物體與周遭環境的溫度差，大約成正比。

重要名詞解釋

絕緣體 insulator　導熱不良且能延緩傳熱的材料。（22.1）

傳導 conduction　於材料之內，熱能自一質點轉移到另一質點；也可以是兩種材料相接觸下，熱能自一種材料轉移到另一種材料。（22.1）

導體 conductor　能夠轉移熱能的材料。（22.1）

對流 convection　藉由受熱物質本身的運動而生的熱能移轉方式。例如液體內物質的流動。（22.2）

輻射 radiation　由電磁波發射出來的能量。（22.3）

輻射能 radiant energy　包括熱能、光能和 X 射線的任何以輻射來傳送的能量，它以電磁波的形式存在。（22.3）

牛頓冷卻定律 Newton's law of cooling　無論是由於傳導、對流、或輻射等的作用，物體冷卻的速率與它和周圍溫度差大約成正比關係。（22.6）

大地輻射 terrestrial radiation　自地球內部射出的輻射能。（22.7）

溫室效應 greenhouse effect　由於來自太陽的短波輻射能容易穿入大氣層內而被地球吸收，然而自地球產生的長波輻射能卻不那麼容易離開，因此而產生的加溫效應。（22.7）

借題複習

1. 熱導體中，「鬆動」的電子，扮演著什麼樣的角色？（22.1）

2. 同在室溫下，為什麼觸摸一塊金屬的感覺，要比觸摸紙張、木料、或布料等，要冷一些？（22.1）

3. 導體跟絕緣體之間，有何不同？（22.1）

4. 為什麼一些物質，諸如木材、毛皮、羽毛、甚至雪，都是好的絕緣體？（22.1）

5. 人說寒冷不是一樣實質的東西，此話是什麼意思？（22.1）

6. 阿基米德原理跟對流有啥關係？（22.2）

7. 為什麼海岸邊的風向，日夜顛倒？（22.2）

8. 當氣體被壓縮時，它的溫度會如何變化？請加以解釋。（22.2）

9. 把骨牌立起來，每個面向前一個的背面，一個接著一個，排成長列。一旦其中之一被推倒，它會把它倒向的緊鄰推倒，然後接二連三，引發一串連鎖效應，一直要等到它後面的整列骨牌全部倒塌之後，才會停止，這就是一般人所說的骨牌效應。熱傳遞的三種方式中，哪一種方式與此骨牌效應最類似？（22.1-22.3）

10. 輻射能是什麼？（22.3）

11. 輻射能的波長，跟輻射源的溫度有何關係？（22.3）

12. 為什麼好的輻射能吸收體，看起來是黑色？（22.4）

13. 為何眼睛瞳孔看起來是黑色？（22.4）

14. 好的輻射吸收體，是好的抑或是差的發射體？（22.5）

15. 黑色壺裡和銀色壺裡裝著一樣的熱茶，哪邊會冷卻得快些？（22.5）

16. 一根燒紅了的撥火鐵棍，在哪種環境裡冷卻得較快？是放在溫暖的烤箱裡，還是在寒冷的屋子裡，或是兩處的冷卻速率不相上下？（22.6）

17. 牛頓冷卻定律也同樣能適用於加熱過程嗎？（22.6）

18. 大地輻射是什麼？（22.7）

19. 太陽的輻射多是由短波組成，而大地輻射則是由長波組成，為什

麼會這樣？（22.7）

20. (a)有人說，溫室效應正如一支單向閥，這是什麼意思？

(b)溫室效應對哪個狀況比較重要，是花農的溫室，還是地球表面？（22.7）

課後實驗

1. 如果你住的地方會下雪，你可以仿效富蘭克林，重做他在幾乎兩個世紀以前曾經做過的事情。把兩塊布料平攤在雪地上，一塊顏色淺，一塊顏色深，然後觀察布底下融雪的速率，比比看，兩邊可有差異？

2. 把一張紙包在一根粗的金屬棒子上，然後把棒子上包紙的一頭，伸進火焰裡。注意看那張紙，它不會立刻就被點燃。你能想出其中原因嗎？（提示：紙張通常在溫度到達大約230℃之前，不會著火。）

想清楚，說明白

1. 在什麼溫度下，當你用手去分別觸摸一塊木頭跟一塊金屬時，既不會感覺冷，也不感覺熱？

2. 當你手拿著一根金屬棒，把另一頭插進碎冰堆中，你手裡的那一頭，很快也會變冷。是不是寒冷從碎冰經過棒子，流到你手上了？

3. 木材是一種很差勁的導體，也就是說，木頭傳熱很緩慢，即使在木頭本身溫度很高的時候，也不例外。為什麼乩童可以打著赤腳

安全走過燒紅的木炭，卻不能安全走在燒紅的鐵塊上？

4. 注意一般桌燈，在金屬燈罩的頂端會鑿有一些小孔，目的是讓桌燈不至於過熱，道理在哪裡？

5. 當太空梭在軌道上飛行時，艙裡變得沒有了重力，點燃了的蠟燭為什麼不能繼續燃燒？

6. 在美國的蒙大拿州，州公路局會把煤灰撒在雪上，等太陽一出來，雪很快就融掉了。為何如此？

7. 假設餐館裡，得等到客人要喝的前一刻，才能上熱咖啡。為了要客人喝的時候咖啡溫度最熱，奶精是先加好呢，還是喝前才加？

8. 把一罐飲料放進電冰箱裡去冷卻，在冰箱的冷藏室跟冰凍室裡的冷卻速率會相同嗎？（在回答這個問題時，你會想到跟哪條物理定律有關？）

9. 冷天裡，如果想要節省燃料，而你準備離開你那溫暖的屋子，大約半個小時左右回來，你是應該把屋子裡的恆溫器調低幾度，抑或暫時關掉，還是不動它，就讓它一直維持室溫？

10. 假如大氣上層的成分有了改變，以致於它容許比較大量的大地輻射逃逸出去，這會對地球的天氣發生什麼影響？反過來說，如果成分的改變，減低了大地輻射的逸散，則又會對天氣發生什麼樣的影響？

第 23 章

相的變化

我們周遭的物質，一般都是分別以三種「相」存在，那就是固體、液體及氣體。物質可以從一種相（有時也稱為態），變化成另一種相，譬如冰是 H_2O 的固相，加入能量之後，則僵硬的分子結構崩潰，轉變成液相的水，持續再加進更多的能量，會使水沸騰變成蒸汽，於是液相又轉變成為氣相。

物質以何種相出現，端視它的溫度和加於其上的壓力而定。相的轉變，一般都會牽涉到能量轉移。

23.1 蒸發

在敞口的容器中盛水，水終究會蒸發甚或乾涸；消失不見的液體，則變成了空氣裡的水蒸汽。「蒸發」就是指發生在液體表面上，液體變成氣體的物相改變。

任何東西的溫度，都跟它內部分子的平均動能有關。液相裡的分子，不停地以不同速度朝各個方向動來動去，且不時發生碰撞，有些分子動能因而增加，有的則減少。那些液體表面的分子，有時被它底下的分子撞擊，因而獲得足夠的動能，得以擺脫液體，飛進液體上方的空間內，成為氣相分子，它們集合起來就是「蒸汽」。

被撞出液體的分子會帶走一些動能，這些動能原本是屬於仍舊留在液體中的分子。這就是「撞球物理」中所說：球互撞之下，有的獲得了動能，另外的則失去動能，而總量前後不變。既然離開液體的分子帶走了一些動能，留下的分子其平均動能自然變低了。所以說，蒸發乃是一種冷卻過程。

當人體熱過了頭，身上的汗腺開始流汗，汗的蒸發會促使我們身體涼下來，從而幫助我們保持穩定的體溫。缺乏汗腺的動物，必須利用其他冷卻方法，以防止身體過熱（圖23.1）。

▲圖23.1
狗除了腳趾之外，身上沒有汗腺，全靠喘氣來冷卻自己。在這種冷卻方式裡，嘴巴跟支氣管的表面成了蒸發的場所。

❓ Question

假如液體表面的分子在跟別的分子相撞後，動能完全不會改變，蒸發還能夠是一種冷卻過程嗎？

Ⓐ Answer

不能。假如分子相撞的前後，沒有動能的改變，就不會有溫度的改變。液體只有在它裡面的平均分子動能降低時，溫度才跟著下降。動能改變的發生，是由於一些分子（有如撞球）藉由撞擊動作，從其他分子處獲取了動能，速度增加，而那些被竊取動能的分子，減低了速度。凡是能夠離開（蒸發掉）的液體分子，都必須是動能獲取者，否則它跑不掉。而動能供應者，則全給留了下來，使得液體的平均分子動能降低。

23.2 凝結

　　蒸發的相反過程是「凝結」，也就是從氣體變回液體。冷凍的鋁罐飲料放回室溫中，鋁罐外面會產生許多小水滴，就是一個好例子。空氣裡的水蒸汽分子，撞到了會減慢分子動作的冰冷鋁罐，便損失掉一大筆動能，使得它無法再繼續保持氣相，於是凝結成水。

　　氣體分子被液體逮獲時，也會發生凝結。到處亂闖的氣體分子，很可能撞到附近液體的表面，丟掉部分動能後，便無法逃脫液體對它發出的吸引力，就此給留了下來，於是氣體分子變成了液體分子。有些固體，例如固態二氧化碳（即乾冰）和萘晶體（即樟腦丸），會直接變成氣體，這種過程叫做昇華。冰雪在乾燥、直接照射的陽光下，也會發生昇華。相反方向的改變，同樣也會發生，H_2O分子在冷空氣中，就能直接生成雪花。

　　凝結是一種釋放熱量的過程，凝結中的氣體分子所丟掉的動能，使得它們所撞上的表面溫度上升。例如蒸汽燙傷，比起由相同

溫度的沸水燙傷，要嚴重得多了，因為蒸汽在凝結、成為相同溫度沸水的過程裡，還放出了大量的熱。

大氣層內的凝結

空氣中總會有些水蒸汽攙雜在裡面。但是在任何既定溫度下，空氣中水蒸汽的含量都有一個最高限度。當達到此限度時，我們稱該空氣已達「飽和」。在氣象報導裡的「相對濕度」，是以空氣中含有的水蒸汽與該溫度下最高限度的比值，來表示空氣中水蒸汽的多寡。最要緊的是，請記住，相對濕度可不是空氣中水蒸汽的絕對含量，譬如把一個有著很低相對濕度的溫和夏天，跟一個有著很高相對濕度的寒冷冬天來比，前者的空氣裡面可能含有較多水蒸汽。

空氣在相對濕度等於100%時達到飽和，但是比起低溫空氣來，高溫空氣在到達飽和之前，需要吸收較多的水蒸汽。結果是，熱帶地區的溫暖空氣，比寒冷的極地空氣，可以吸收容納較多濕氣。

到達飽和時，空氣中必定有一些正在凝結的水蒸汽分子。當速度慢了下來的分子相撞，有時就此黏住，不再彈開，於是就發生了凝結。要了解這個現象，不妨想想蒼蠅擦身飛過捕蠅紙，若是飛的速度低，牠一定會被黏住，如果飛速夠快，牠還有可能彈回空中。基於同樣道理，速度緩慢的水蒸汽分子一旦相撞，就很可能互相黏在一起，成為液體的一部分（次頁的圖23.2）。它們若是速度很快，相撞之後，能夠馬上彈跳離開，因而維持氣體狀態或氣相。所以空氣中水分子動得愈快，就愈難凝結成為小水滴。

雖然空氣中的凝結現象，在低溫時比較容易發生，但高溫時也難全免。別忘了溫度反映的，只是整體的「平均」動能，其中總會有些分子移動得比平均值快，另一些分子動得比平均值慢。即使溫

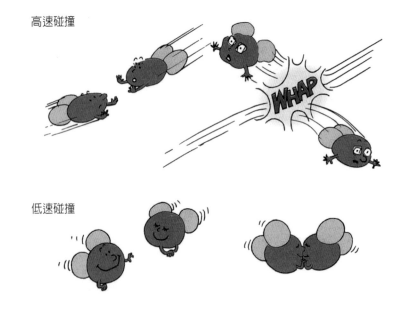

度很高，只要有足夠水蒸汽存在，就會有足夠的慢動作分子產生凝
結現象。但不管溫度是高是低，只有其中較慢的分子比較容易彼此
黏住而凝結。

霧跟雲

　　熱空氣會上升。上升途中，它會膨脹。膨脹的結果，它會冷
卻。冷卻之後，空氣中的水蒸汽分子不再是彼此一碰就跳開，而是
開始在碰撞後黏在一起。如果這時有尺寸較大、行動較緩的粒子或
離子存在，水蒸汽分子就會附在這些粒子上凝結，因而生成雲。

　　霧基本上就是雲，只是靠近地面產生。在雲裡飛行，正猶如霧
裡駕車。在空氣又濕又冷的地區，靠近地面處經常會起霧。例如海

洋或湖泊等大片水域上，空氣濕度幾達飽和，一旦被風吹送上岸、
拂過比較冷的陸地，其中水蒸汽就會發生凝結，因而形成霧。什麼
原因使得雲或霧裡的水滴，不會滴落到地上來？如果水滴的尺寸非
常小，小得像微塵，就會有很小的終端速度，一般大概在 1 公分／
秒左右，也就是降落 1 公尺得花 100 秒的時間，只要有一點緩慢的 1
公分／秒上升氣流，便可讓水滴懸浮在空中。當水滴的尺寸漸增，
它的終端速度跟著增大，一旦該速度大過上升氣流的速度，水滴開
始下降，那就下雨了！

23.3 蒸發跟凝結速率

　　當你剛從浴室裡走出來，踏入一間乾燥的房間，通常你會馬上
覺得全身上下涼颼颼的，因為身上的水很快地蒸發，把皮膚冷卻。
如果你洗完澡後，仍待在浴室內不出來，即使已經把蓮蓬頭關上，
你也不會覺得很涼，因為你處在一個潮濕環境內，空氣中的濕氣不
停在你的皮膚上凝結，造成加溫效果，抵消了一些由蒸發帶來的冷
卻效應。如果濕氣的凝結量，跟水的蒸發量剛好一樣多，你就完全
不會覺得體溫有任何改變。這也就是為什麼人們洗完澡，都會趕緊
用毛巾擦乾身體，免得著涼。

　　假如你把一碟子水放置在桌子上，過了幾天，沒有明顯的蒸發
跡象。你可能下結論說，這碟水裡沒事發生。其實不然，因為在分
子層次上，活動一直沒停過，方向相反的蒸發和凝結，不斷地以相
同的變化率在進行著，所有藉著蒸發離開液體表面的分子跟能量，
經由凝結又再回轉來，進入液體表面。該液體此時的狀況，稱為

▲圖 23.3
如果你走出浴室後，覺得太冷，
可再回到浴室裡，讓那兒空氣中
殘餘的水蒸汽，藉著凝結來替你
加溫。

「平衡」，也就是它正處於一個平衡的狀況，蒸發和凝結的進行正好互相抵消。

液體的蒸發和凝結，一般都會同時發生，若蒸發率快過凝結率，這液體就會變冷，如果凝結率快過蒸發率，這液體則會變熱。但由於雙方都牽涉到熱，且是從周遭環境裡來，並且回到周遭環境裡去，因而我們不太容易覺察到由蒸發和凝結分別促成的冷卻和加溫效果。

23.4　沸騰

蒸發只發生在液體的表面。但在適當情況下，從液體轉變成氣體的相改變，也可以在液體表面以下之處進行。而在液體表面下生成的氣體，會形成氣泡，氣泡上浮至液體表面，然後逃逸，進入周遭空氣，這樣子的過程就叫「沸騰」。

在沸騰的液體內，氣泡裡蒸汽的壓力必須夠大，足以與周圍水壓抗衡，否則便不可能生成氣泡。溫度低於沸點時，蒸汽壓不夠大，氣泡無法生成；達到沸點時，蒸汽壓變得夠大，氣泡形成，液體沸騰。

當大氣壓上升，包圍在氣泡外面的水壓也跟著升高。此時要形成氣泡，或是要水沸騰，所需要的蒸汽壓也必須比較高才行；亦即所需要的溫度，得隨之升高。所以增加液體表面壓力，會提高液體的沸點。反過來說，降低壓力（譬如跑到海拔很高之處）會使液體的沸點跟著下降。總而言之，沸騰不是只跟溫度有關，也受到壓力的直接影響。

大氣壓

▲圖23.4
蒸汽氣泡（此處故意放大了）裡面的分子運動，造成其中的氣壓，以抗衡從氣泡外推擠氣泡的水壓。

物理 DIY

你看不見蒸汽

一壺正在沸騰的水，注意看它的壺嘴，你會發現從壺嘴裡噴出的蒸汽，開始是看不見的，在離開壺嘴一段距離之後，才出現看得見的霧氣，而那並非蒸汽本身，而是由蒸汽凝結而成的小水滴。所以請記住，蒸汽是看不見的。現在拿一根點燃的蠟燭，放進蒸汽凝結成的霧氣裡。觀察會發生什麼事。你能解釋你所看到的嗎？

壓力鍋就是根據這個事實。壓力鍋有個緊密的鍋蓋，上面裝置一個汽閥，在鍋內壓力尚未到達某一大於大氣壓的預設值之前，不讓鍋裡蒸汽外逸。蒸汽在鍋內繼續累積，使得鍋內液體受到的壓力增加，制止了原該到達沸點即會發生的沸騰，溫度因而可以繼續升高。如此用超沸點溫度的水來煮熟食物，時間上要快得多。

這兒的重點是，煮熟食物得靠熱水的高溫，而非沸騰這事本身。在海拔很高的地方，水的沸點相當低，譬如在有「一英里高的城市」之譽的美國科羅拉多州丹佛市，燒水到不了它在海平面的沸點 $100\,^\circ\text{C}$，一熱到 $95\,^\circ\text{C}$，水就滾了。如果你在溫度較低的沸水裡烹煮食物，要將它煮熟到一定的程度，需要的時間會比較久。譬如一般平地人常吃的「三分鐘」水煮蛋，在丹佛，蛋在沸水中若只煮三分鐘，蛋內還是稀得沒法剝殼。如果水的沸騰溫度太低，則無論煮多久，根本不能把食物煮熟。

跟蒸發相似，沸騰是一種冷卻過程。一些人會覺得這個說法非常意外，因為從直覺上，他們已經在沸騰跟加熱之間劃上了等號。其實燒水是一回事，沸騰是另一回事。在一大氣壓下，水燒到 $100\,^\circ\text{C}$

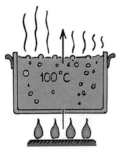

能量離開水（冷卻）

100°C

能量進入水（加熱）

▲圖23.5
加熱跟沸騰是截然不同的兩種過程。加熱使水溫度上升，沸騰會使水冷卻。

就會沸騰，此時水正處於一種熱平衡狀態。圖23.5顯示在這個平衡中，水因沸騰而冷卻的速率，正好等於它被熱源加熱的速率，因而水溫會停留在100°C不動。如果沒有冷卻發生，繼續給沸水加熱，水溫應該不斷上升才是。壓力鍋內可以加熱到較高溫度，理由無非是它阻止了沸騰，但它也阻止了冷卻。

廚房中的物理

煮蛋的秘訣

廚房裡最簡單的烹飪成品水煮蛋，就有一些用得上物理學的地方。我們若要測試雞蛋是否新鮮，可以把它放進水裡，如果蛋沈到水底且橫躺在那兒，此蛋肯定新鮮。如果它浮了起來，那裡面必然已經腐敗。原因是蛋殼上的小孔會不斷喪失水分，蛋若擱置久了，它的密度會降到比水更低。

只要把蛋放在桌面上旋轉，就可判斷它是否煮熟了。如果蛋仍然是生鮮的，旋轉時裡面的蛋黃會移位，使得蛋的重心不斷改變，因而來回晃盪。

有時煮蛋時蛋殼裂開，弄得鍋內到處是蛋白蛋黃，原因是蛋內有個氣囊，加熱時，囊內空氣壓力增加，有時會撐裂蛋殼。如果你在煮蛋之前，小心用一根乾淨的針，在圓頭的那端刺一個小孔，則可避免煮蛋時發生蛋殼裂開意外。

最後，煮蛋時要記住，一定得把水燒開。因為在稍低溫度的水裡，蛋很有可能會永遠煮不熟。蛋被煮熟，需要超過一個底限溫度，蛋內的長條狀分子，才能互相橫向連接起來。那就是為什麼蛋在海拔極高的地方，用水根本煮不熟，因為水在那兒的沸點太低了！

❓ Question

既然沸騰是種冷卻過程，那麼大熱天裡，我們是否可以把
又熱又黏的手伸進滾水裡冷卻一下？

Ⓐ Answer

絕對不可以！我們說沸騰是種冷卻過程，是對水的本身而言
（可不是你的手！），沸水被沸騰冷卻，否則溫度還會上升。因
爲有此冷卻過程，沸水水溫才得以停留在100℃不動。如果把手
伸進滾水裡，因溫度太高，你勢必會被燙傷！

23.5 凝固

當液體內的能量不斷被抽出時，分子運動跟著逐漸減緩，最後
分子間的吸引力使得它們融合起來，成爲固體。固體中各個分子停
留在固定位置上，不再到處遊蕩，只是做原地振動而已。水的這項
過程很特殊，當水處在0℃及一大氣壓之下，若其中能量再被抽取，
就會形成冰。這種從液體到固體的改變稱爲「凝固」。

有趣的是，如果水裡溶解著糖或鹽，則水的凝固溫度會因而降
低，這是由於這些「外來」分子或離子阻擋在水分子之間，使得它
們比較難以形成六邊形的冰晶體結構。而且在冰晶體開始形成後，
這種阻礙只會愈來愈增強。因爲尚未固定住的水分子愈來愈少，外
來分子或離子數目卻不變；水分子之間要連接起來結冰，也就愈來
愈困難。一般說來，任何東西溶解在水裡，都會導致同樣的效果，
抗凝劑就是這個自然現象的應用。

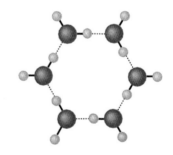

▲圖23.6
這是在0℃時形成的敞形結構的
純冰晶。若水中摻有其他不同的
分子或離子，晶體的形成就會受
到阻撓，凝固溫度因而降低。

▲圖23.7
圖中儀器是用來證明在真空下，水會同時發生凝固及沸騰。我們把一到兩公克重的水放置在小碟子內，小碟子跟儀器底部用一個聚苯乙烯杯子隔開絕緣。

23.6 同時發生的沸騰與凝固

如果我們把一碟室溫的水，放進一個可抽真空的鐘形玻璃罩內（圖23.7），然後用真空唧筒慢慢降低罩內氣壓。到了一個程度，水便開始沸騰，而沸騰產生的蒸汽把熱帶走，碟子裡剩下來的水因而降溫。當氣壓不斷下降，愈來愈多的水分子蒸發離去，水溫也逐漸跟著下跌。直到水溫接近0°C時，仍在起泡沸騰的水面開始結冰了，於是乎，沸騰與凝固同時進行！這個怪異的現象，一般人若非親眼目睹，絕不會相信。凍住的滾水氣泡可真是難以想像呢！

如果我們把一滴滴的咖啡，噴入一個真空隔間內，它們一樣會沸騰直到結冰。甚至在開始結冰之後，水分子仍然持續蒸發進入真空中，直到剩下來的只是固體的咖啡小晶體。這就是冷凍乾燥咖啡的製作方法。這個程序裡的低溫，讓固體咖啡內的化學結構能夠保持原貌。等到日後要飲用時，熱水一沖，咖啡的大部分原味於焉重現了。

23.7 復冰現象

冰的敞形結構晶體（見圖23.6）在足夠的壓力下，會被壓壞解體。通常在0°C時才會熔化的冰，一旦壓力增加了，熔點會稍微下降。理由很單純，冰晶體提早被壓垮，變成了液態。事實上，當壓力增大到了兩倍於標準大氣壓時，熔點只降到－0.007°C，可見變化的確非常小，得加上滿大的壓力，才能造成看得出的差別來。

當另加的壓力一旦解除，那剛熔化成過低溫度的水，就會再度凝固。如此在加壓之下熔化、除壓又再結冰的現象，稱爲「復冰現象」。這是水跟其他一般物質，有所不同的另一種性質。

如果你在一根細鐵絲兩端懸以重物，掛在一塊冰上，如圖23.8所示，你就可以看到復冰現象的實際操作。鐵絲會慢慢地切入、穿過冰塊，但是它經過所造成的裂縫痕跡，會被再凝固的冰填補、而復合、而消失。你看到的結果是，鐵絲與重物終於掉落到地上，冰塊卻似乎依然完整如初！

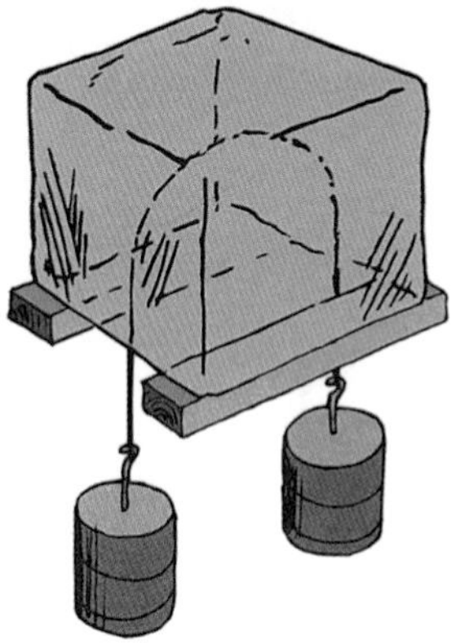

打雪戰的時候，你做雪球也用到了復冰現象。當你抓起一把雪，用雙手擠壓，一緊一鬆之際，就會造成小塊雪之間發生些許局部熔化跟再凝固，使得原本鬆散的雪花結合起來，成了雪球。在非常冷的時候，你會覺得雪比較不夠「黏」，做起雪球來非常困難，原因是手的擠壓力量有限，不足以在極低溫時讓雪融掉。

溜冰的人，實際是溜滑在冰刀跟冰之間一層薄薄的水膜上。這層水膜是由冰刀對冰面的壓力，以及兩者之間的摩擦力造成的，冰刀通過後，壓力頓失，水膜就再度凝固成冰。

▲圖23.8 復冰現象

23.8 能量與相的變化

如果你把固體加熱到達一定程度，它會熔化，轉變成液體。你把這個液體繼續加熱，它會進一步汽化變成氣體。所以要把物質從固態轉成液態、再自液態轉成氣態，就必須把能量加進該物質。若要改變方向，則該物質內的一些能量必須被釋放出來（圖23.9）。

物質的一些共通的物相變化性質，都可以用常見的 H_2O 來當範

圖23.9 ▶
相的改變伴隨著能量的變化。

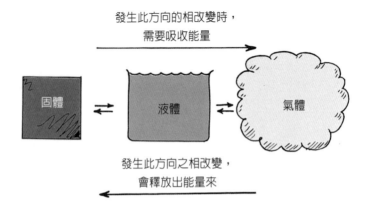

發生此方向的相改變時，
需要吸收能量

固體　液體　氣體

發生此方向之相改變，
會釋放出能量來

例。隨便舉個簡單的例子，譬如把一塊1公克、零下50℃的冰放置
在一個加蓋的容器內，再把容器擱在爐子上加熱，容器上插著溫度
計，隨時告訴我們容器的溫度。開始之後，容器溫度會逐漸上升到0
℃（對那1公克冰來說，溫度每升高1℃，大約需要半卡的熱量），
到達0℃時，雖然加熱並未中斷，溫度卻會停止上升一會兒，其間那
些熱能，便是用來熔化容器裡的冰。

要讓1公克的冰整個熔化掉，它必須吸收80卡的熱量，並且一
定得等到冰完全熔化之後，溫度才會繼續上升。此後這1公克的水，
在到達沸點100℃之前，溫度每上升1℃，得吸收1卡熱量。達沸點
之後，溫度又會停止上升，這時所加進去的熱量，都被用來讓那1公
克的水沸騰變成蒸汽，不過這回需要的能量更大，1公克水完全汽
化，需要540卡。最後等到1公克的水完全汽化成100℃的蒸汽之
後，溫度再度隨著加熱上升，不再停頓（蒸汽溫度上升時所需熱
量，跟冰相似，也是每公克每1℃約半個卡路里左右）。以圖解表示
以上整個過程，畫出來的就是圖23.10。

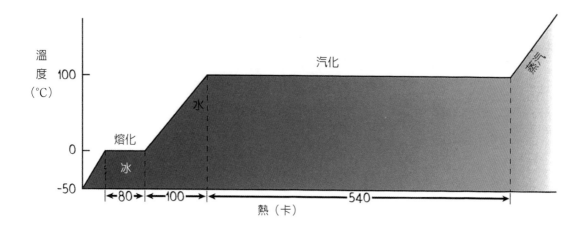

▲圖 23.10
1 公克的 H_2O 在加熱的過程中，相的改變以及其所牽涉到的能量出入。

　　上面說到的「每公克 540 卡」這個跟蒸發或凝結有關的數值（在國際單位制裡，它相當於 2.26 mJ/kg），被稱為水的「汽化熱」。而上面提到，熔化或凝固時所需的每公克 80 卡（國際單位制則是 0.335 mJ/kg），則叫做水的「熔化熱」。這兩項能量都是每單位量物質所需，在汽化或熔化時，用來打斷分子之間的鍵結。同樣地，在凝結或凝固時，分子間形成鍵結而釋放出來的能量，會隨著溫度跟壓力變化而有所不同。

　　相的改變是可逆的。所以跟前面方向反過來，當 1 公克蒸汽內的分子凝結成沸騰的水，它會把 540 卡的熱量散發到附近環境中。這 1 公克水從 100°C 冷卻到 0°C，100 卡又被它釋放出來。0°C 的冰水凝固成固態的冰，它會再另外放出 80 卡的能量。

　　1 公克水汽化所需的 540 卡，是相當大的能量，比 1 公克絕對零度的冰變成 100°C 的沸水，所需要的能量還要大得多。雖說因同在 100°C，沸水跟蒸汽裡的分子平均動能完全相同，蒸汽中的位能可是大出許多，因為蒸汽中分子各自獨立，不像在液態時分子都互相黏

Question

1. 當 1 公克的 100°C 蒸汽凝結成 100°C 的水，會有多少能量被釋放出來？

2. 當 1 公克的 100°C 蒸汽凝結之後，繼續冷卻成 0°C 的冰水，一共會有多少能量被釋放出來？

Answer

1. 當 1 公克 100°C 的水蒸汽，在凝結成同溫度的水時，會釋放出來 540 卡的能量。

2. 同量的蒸汽在變成冰水的過程中，共放出了 640 卡的能量。那是用來轉變成水的 540 卡，加上每度 1 卡，從 100°C 的水冷卻到 0°C 所放出的 100 卡。

▲圖 23.11
在冰冷的天氣裡洗車，用熱水比用溫水更容易結冰。這是由於快速蒸發的熱水反而會帶走大量的能量。

在一起。所以蒸汽在與沸水相較之下，含有巨大能量差距，可在凝結時候釋放出來。

這個每公克高達 540 卡的大數值，還能解釋為什麼在某些情況下，80°C 以上的熱水比溫度稍低的水更容易結冰。實際上，接近 100°C 的水，會比溫度稍高於 60°C 的水先行結冰，但不會比 60°C 以下的水先結冰。為何如此呢？原因是溫度愈高，蒸發會愈全面也愈快，剩下來可以結冰的水就會愈少，當然結凍的速率就變得較快。不相信你就試試！

這個現象，在蒸發面積很大，而用水量不多時尤其明顯。常可見的例子有，冰天雪地時，使用愈熱的水來洗車，車子表面就愈快結冰。又溜冰場的管理員趁著短暫的休息時間，不時用熱水灌入場子，以去除冰面上的刮傷痕跡，而冰面頓時結凍，恢復平滑。快速

蒸發引起的冷卻，效果非常之大，因爲每公克水蒸發後，就得從剩下來的水中抽去540卡，比起熱傳導的冷卻方式：1公克水降低攝氏1度才釋放出1卡熱量，簡直不成比例。無怪乎我們要強調，蒸發的確是非常好的冷卻方式。

❓ Question

試想有10公克100°C的水，如果其中有1公克快速蒸發掉了，剩下來的9公克水，溫度會變成多少？

Ⓐ Answer

如果我們假設蒸發所需要的熱，完全由剩餘的水供應，則正確答案是40°C。爲什麼？因爲蒸發掉的1公克水，帶走了540卡，得由剩下的9公克水平均分擔，每公克剛好分到60卡。而水的冷卻率是每公克每降低攝氏1度，會放出1卡，也就是它們各自降低了60度，變成40°C。

冰箱的冷卻循環，是個能量交換的好例子。此交換是藉由冷凍劑的物相改變而達成的。液態的冷凍劑先被打入冰箱的冷卻元件中，被強迫通過一個非常狹小的開口後蒸發。蒸發所需要的熱量，就從冰箱中儲藏的食物上奪取過來。蒸發後的氣態冷凍劑，被管子引導出冷卻元件，進入位於冰箱外邊背後的迴轉管子內。這組管子稱爲冷凝器，冷凍劑就在此管中凝結成液體；所放出的熱，散發到附近的空氣中。此後液態冷凍劑再進入冷卻元件，如是週而復始，循環不已。系統內有個電動唧筒，推動冷凍劑，使它在這個汽化跟凝結交替輪流的循環中，把熱從冰箱內帶到冰箱外的空氣中。下次

你看到冰箱時，不妨把手伸到冰箱背後的冷凝器旁，就會感覺到從冷卻元件發出來的熱氣。

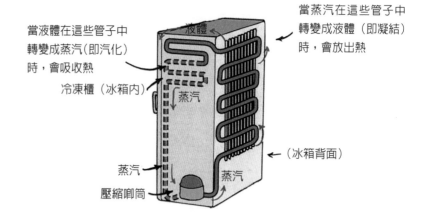

圖23.12 ▶
一般電冰箱的冷凍循環。

當液體在這些管子中
轉變成蒸汽(即汽化)
時，會吸收熱

冷凍櫃（冰箱內）

液體

蒸汽

當蒸汽在這些管子中
轉變成液體（即凝結）
時，會放出熱

（冰箱背面）

蒸汽

壓縮唧筒

蒸汽

工作中的物理

消防隊員

消防隊員經常進入正在燃燒的建築物，搶救生命跟財物。為了安全有效達成任務，消防隊員必須熟悉有關熱的物理。最常見的控制火勢方法，是用水柱直接灌輸到火焰上，但在一些情況下卻不如把水噴成細霧去籠罩火焰，來得有效。為什麼呢？因為細霧很容易轉變成蒸汽，這個改變迅速吸收大量熱能，把燃燒中的物質冷卻下來。適當地處理火焰，能救人命，包括消防隊員自己。對消防隊員來說，有關熱的物理，比課堂上一項指定作業重要得太多，它關係到自己是否能從火場裡活著走出來。遍布在城市鄉間的消防隊，以及全國森林管理單位，都需要稱職的人擔任消防隊員。

冷氣機所用的原理跟電冰箱相同，不過是把熱從機器中某一部分，用電動唧筒移轉到機器中的另一部分。設若我們把循環中的汽化跟凝結兩個步驟，亦即吸熱及散熱兩處，給顛倒過來，冷氣機就成了暖氣機，難怪有人直稱它為「熱泵」。

燙衣物的時候，有人就是喜歡用手指去碰電熨斗，來測試熨斗是否夠燙。除了此人有先見之明，先把指頭沾濕，否則也常有人因此一試，手指就燙傷了。若指尖上有了水，原本應該燙傷手指的能量，即刻被水截獲，用在把水汽化。如此生成的蒸汽，還會在指頭和熱熨斗之間形成了一層絕緣體。

? Question

當以蒸汽面貌出現的 H_2O 凝結成水時，它周遭的空氣是變暖，還是變涼了？

A Answer

周圍的空氣溫度會上升。由於蒸汽轉變為液體時，蒸汽內會釋放出能量（見圖23.9）。另一個可用來解釋空氣溫度會上升的，是回到圖23.2，把水蒸汽分子看成撞球檯上的撞球。它們之間互相碰撞的前後，動能總量維持不變。也就是說，如果一個分子由碰撞中獲取了動能，必然會有另一個分子失去等量的動能。有分子加速，就會另有分子減速。當一些因失去了部分動能而慢下來的分子一旦靠近，啥事會發生？它們會黏在一起，就發生了凝結。但是在凝結之前，它們得把自己大部分動能移轉到其他分子身上，於是周遭空氣分子得到了能量，溫度當然增加。溫度增加幾度呢？答案是，每1公克 H_2O 凝結時，旁邊的空氣就會得到約540卡的熱能。

同樣地，你可能見過新聞畫面，或是聽到過報導，乩童打著赤腳走在燒得通紅的木炭上，而全然沒事兒。（注意：千萬不要自己去做這實驗。情況若沒拿捏得好，甚至有經驗的乩童有時也不免會被嚴重燒傷。）最主要的原理，是木頭的低導熱性質，即使是燒紅了的也不例外，雖然溫度很高，卻只有少許熱能會傳遞到腳上。就像前面提過，你把手短暫地伸進熱烤箱內，經過裡面熱空氣傳到你手上的熱，非常有限。但你要是一不小心，碰上烤箱內的金屬部分，你就會大叫哎唷了！同樣地，乩童若是不小心踩到一塊燒紅的金屬或是其他優良導體，腳照樣會被燒傷。除了低導熱性外，汽化作用也在這種表演中派上了用場。乩童避免被燒傷的第二個原因，是皮膚上的濕氣。腳底板上的汗水，減少了對腳的熱傳遞。原來傳過來可能燒傷腳底的熱能，大部分被用去蒸發腳底的汗水。正如前面講到，用沾濕了的手指去觸摸熨斗一樣。必須記住的重點是，溫度跟熱傳遞是兩回事，千萬不要把它們混為一談。

　　簡言之，固體熔化時得吸收能量，液體汽化亦吸收能量。反過來說，氣體液化時發放出能量，液體凝固也釋出能量。

■觀念一把抓

觀念摘要

蒸發時，液體表面發生物相改變，成為氣體。
- ◆ 蒸發是一種冷卻過程。

凝結時，氣體發生物相改變，成為液體。
- ◆ 凝結是一種加溫過程。
- ◆ 當相對濕度的數值相同時，暖空氣中比冷空氣中所含水蒸汽要多些。
- ◆ 當空氣冷卻下來，使得它無法保持原有的水蒸汽時，水蒸汽凝結出來，形成了雲跟霧。

在液體表面，方向相反的蒸發率跟凝結率相同時，液體處於平衡狀態，體積得以維持不變。
- ◆ 當周遭空氣中，蒸汽到達飽和，液體會處於平衡狀態。
- ◆ 在乾燥空氣中，水的蒸發率，遠大於它的凝結率。而在潮濕的空氣中，水的蒸發率，只略快於它的凝結率。

沸騰時，液體內所有部分都在進行物相改變，形成氣泡。
- ◆ 液體的沸騰溫度，被它表面所受壓力左右。
- ◆ 沸騰一如蒸發，是種冷卻過程。

凝固時，液體進行物相改變，變成固體。

◆ 液體中如摻有別種物質，該液體的凝固溫度會下降。

◆ 在復冰現象裡，冰在加壓之下熔化，而在壓力除去後，會再度凝固。

所有物相改變之際，不是放出能量，便是吸收能量。

◆ 當物質在改變物相時，它的溫度維持不變。

◆ 水蒸汽在凝結時放出的能量，遠多於等量水結冰時所釋出者。

重要名詞解釋

相 phase 物質的四種可能形態之一。有固體、液體、氣體和離子體。通常也叫做態。（23.0）

蒸發 evaporation 發生在液體表面，自液態變成氣態的過程。（23.1）

相對濕度 relative humidity 空氣中所含水蒸汽的量，與同溫度之下，空氣中能含有最大量水蒸汽的量，兩者間的比率。（23.2）

飽和的 saturated 應用於物質上，例如在空氣中，含有其他物質，如水，於某一溫度和壓力之下，所能達到最大的量。（23.2）

凝結 condensation 氣體改變相態成為液體；是蒸發的反向。（23.2）

平衡狀態 equilibrium 液體的汽化及凝結以同樣的變化率發生時的狀態。（23.3）

沸騰 boiling 發生在液體表面之下，物質受熱自液態到氣態的相之變化。氣體在液體中形成氣泡，升上表面而逸出。（23.4）

凝固　freezing　自液體至固體的相態改變。（23.5）

復冰現象　regelation　冰在壓力下熔化，等壓力消失後又重新結冰的一種現象。（23.7）

課後實驗

　　用一個平底鍋煮水至沸騰，注意氣泡總是在幾個特別的地方產生。這些被稱為「成核點」的地方，要不是鍋底上的刮痕、原有的製造缺陷，就是鍋底上多出來的小塊凸起。當水溫上升到達沸點時，這些不規則的地方提供庇護所，給予微小氣泡比較多彼此碰面機會，較易形成大氣泡。在凝結跟凝固的物相改變過程中，「成核現象」也扮演著很重要的角色，標準的例子是雪花跟雨滴的生成，它們都是在天空中圍繞著飄浮的微塵顆粒上產生的。

借題複習

1. 液體中的所有分子或原子各自游走的速度，是大致相同呢，還是大相逕庭？（23.1）

2. 蒸發是什麼，為何它也是一種冷卻過程？（23.1）

3. 為什麼狗會在熱天裡喘氣？（23.1）

4. 凝結是什麼，為何它也是一種加熱過程？（23.2）

5. 雖然兩者溫度相同，為何被蒸汽燙傷，比被滾水燙傷要嚴重得多？（23.2）

6. 熱空氣和冷空氣，通常哪種含有較多水蒸汽？（23.2）

7. 為何當溫暖潮濕的空氣上升時，會形成雲？（23.2）

8. 爲何你沖完澡之後，留在浴室內擦乾身體，比直接走到外面要覺得暖和些？（23.3）

9. 你如何能判定，蒸發率跟凝結率是否相同？（23.3）

10. 蒸發與沸騰之間有何不同？（23.4）

11. 爲什麼液體的沸點，受到大氣壓左右？（23.4）

12. 用壓力鍋煮食物，爲什麼在高山上比在海平面附近更有效？（23.4）

13. 爲什麼把抗凝劑或任何可溶物質加進水中，可以降低水的凝固點？（23.5）

14. 如何能讓水同時沸騰且凝固？（23.6）

15. 復冰現象是什麼？它跟冰晶體的敞形結構有什麼關係？（23.7）

16. (a)要把 1 公克水的溫度增高 1°C，需要多少卡的熱量？

   (b)把 1 公克 0°C 的冰熔化，需要多少卡的熱量？

   (c)把 1 公克 100°C 的水汽化，需要多少卡的熱量？（23.8）

17. 當蒸汽轉變成液體時，它是放出還是吸收能量？（23.8）

18. 快速蒸發對水的溫度有啥影響？（23.8）

19. 電冰箱內，食物得到冷卻效果的時候，是冷凍劑從蒸汽轉變成液體呢，還是相反的方向？（23.8）

20. 爲什麼在燙衣物時，必須記住，得先把指頭沾濕了後，才可以去觸摸熱熨斗？（23.8）

想清楚，說明白

1. (a)蒸發是個冷卻過程。蒸發進行時，什麼冷卻了下來，又讓什麼變暖了？

(b)凝結是個加熱過程。凝結進行時，什麼的溫度升了上去，又讓什麼變涼了？

2. 你把一根手指沾濕之後伸向空中，就可以用來測出風向來，試解釋之。

3. 請說出兩個理由，解釋把熱咖啡倒到淺碟子裡，爲什麼會讓咖啡快速冷卻下來。

4. 野餐時，爲什麼用濕布包在瓶子外，比起把瓶子浸在冷水裡，冷卻的效率要高些？

5. 在爐火上的滾水溫度保持一定，怎能說它證明沸騰是個冷卻過程？（假如沸騰不是個冷卻過程，那水溫會變得怎麼樣？）

6. 在沸水鍋裡煮馬鈴薯，用急火快滾會比小火慢燉熟得快些嗎？

7. 住在時常下雪地區的人們，會告訴我們一件事實，冬季下雪天的氣溫，總比晴朗天的氣溫高。有些人沒把因果關係搞清楚，故而宣稱非常冷的天氣不會下雪，請加以解釋。

8. 如果把一大缸水存放在一小間沒有暖氣的房間內，即使在非常寒冷的日子裡，房內的溫度也不會降到0°C以下。爲什麼？

9. 在寒冷的多日裡，你家正開著暖氣，爲什麼窗戶玻璃朝室內的一面有時是濕的？

10. 在一個無雲的夜裡，爲何空曠地面上出現的露水，比樹蔭下或公園座椅下面的還多？

沙盤推演

使物相改變，需要的熱能量＝（質量）×（熔化熱或汽化熱）。寫成公式，就是：

$$Q = mL$$

使溫度改變，需要的熱能量＝（質量）×（比熱）×（溫度差）。寫成公式，就是：

$$Q = mc \Delta T$$

我們知道，水的熔化熱＝ 80 卡／公克，汽化熱＝ 540 卡／公克。

1. 試計算 20 公克水，從 30℃上升到 90℃所吸收的能量（以卡為單位）。

2. 試計算熔化掉 50 公克 0℃冰，所需要的能量。

3. 試計算熔化掉 100 公克 0℃冰，並把它加熱到 30℃所需要的能量。

4. 試計算 20 公克 100℃的水，變成 100℃的蒸汽所吸收的能量。

5. 試計算 20 公克 100℃的水蒸汽凝結之後，再冷卻到 0℃，總共釋放出來的能量。

實戰演練

1. 如果要使 1 公克 0℃的冰熔化成 0℃的水，需要多少 100℃的水蒸汽凝結？（答案可不是 0.148 公克！）

2. 試計算 1 公克 100℃的水冷卻到結冰，會釋放出來多少能量來。又如讓它繼續冷卻，直到絕對零度，會再放出多少能量來。（絕對零度等於－ 273℃，又冰的比熱容量，在這個寬闊的溫度範圍內，平均約為 0.3 卡／公克℃。）

3. 試計算 1 公克 100℃的水蒸汽，凝結成同樣溫度的沸水時，同時釋放出來的能量。這個能量數值，跟上個問題的答案比較如何？

4. 如果把 20 公克 80℃的熱水，倒進一個 0℃的大塊冰上一個洞穴

裡面，該洞穴裡的水溫最後會變成若干？需要熔化多少冰，才能
使得這些熱水冷卻至0°C？

5. 如果把一塊100公克的鐵加熱到100°C，然後丟進一個0°C的大
塊冰上的洞穴裡面，多少冰會因而熔化？（鐵的比熱容量是0.11
卡／公克°C。）

第 24 章

熱力學

「熱力學」是研究熱的性質，以及如何把它轉變成機械能的一門學問。熱力學的英文字，源自希臘文，意義是「熱的移動」。熱力學從十九世紀中葉起開始發軔，時間上還在人們開始了解物質的原子及分子性質之前。我們對熱的討論，到目前為止，仍局限於原子及分子之間微觀的盲動行為。從現在開始，我們的論述著眼點，會繞過各種系統的分子細節，集中到它們的巨觀層次，去了解機械功、壓力、溫度，以及它們在能量轉換中扮演的角色。

熱力學的基礎，只不過是能量守恆，以及熱流方向只能從熱向冷，絕不逆向的兩件事實。經過推演之後，熱力學所帶給了我們

的，包括從蒸汽渦輪到核融合反應器等各種熱機的基本理論，以及不同冷凍機和熱唧筒的原理。所以內容牽涉甚廣，錯綜複雜。我們要討論熱力學，不妨從它一項早期重要概念著手，也就是溫度的最低極限。

24.1　絕對零度

隨著原子的熱運動增強，溫度可以不斷上升，看來似乎沒有上限。然而在溫度標尺的另一端則截然不同，很顯然有個一定極限。如果物質中的原子熱運動減緩，不錯，溫度會隨之下降。但是當原子熱運動減緩至不能再緩、趨近於停止時，該物質的溫度亦應趨近一個最低極限，而這個極限就是溫度的「絕對零度」。在絕對零度下，物質中已沒有任何可被抽取的能量，因而它的溫度不可能再降低。這個極限溫度，相當於攝氏零下273度。

這個數值早在十九世紀，即有人從實驗裡把它歸納了出來。他們發現，氣體的體積在溫度下降時，都會以相同的比例收縮。更確切地說，任何氣體都一樣，不論它的壓力或體積一開始是多少，只要壓力保持不變，則溫度每增、減1°C，它的體積隨之增、減的量，等於它在0°C時體積的1/273。譬如說，當溫度從0°C降低到了－100°C，它的體積就會縮減掉100/273，剩下的等於原先的173/273。奇妙的是，若依此類推的話，那麼氣體從0°C降到了－273°C，它的體積就應該縮減掉273/273，剩下來的豈不成了零。很明顯地，我們不可能會有零體積的物質。

人們又發現，在容積固定的容器裡面，充填上任何一種氣體，

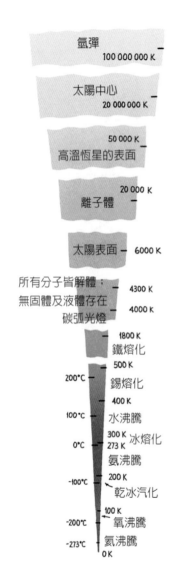

氫彈
100 000 000 K ─

太陽中心
20 000 000 K ─

50 000 K ─
高溫恆星的表面

20 000 K ─
離子體

太陽表面 ─ 6000 K

所有分子皆解體；　─ 4300 K
無固體及液體存在　　4000 K
碳弧光燈

1800 K
鐵熔化

500 K
200°C
錫熔化

400 K
100°C
水沸騰

300 K 冰熔化
0°C
273 K

氨沸騰

-100°C
200 K
乾冰汽化

100 K
-200°C
氧沸騰

-273°C
氫沸騰
0 K

▲圖 24.1
一些絕對溫度。

容器裡面的氣壓也會隨著溫度的升降而改變，而每增、減1°C，壓力差別恆等於在0°C時壓力的 1/273。因此理論上，任何固定容積容器裡的氣體，一旦冷卻到了－273°C時，就不再具有任何壓力了。不過事實上，所有氣體在還沒冷到這個溫度之前，就已液化了。雖然如此，體積或壓力隨著每度溫度的降低，而以同等差距下降的實驗結果，給了人們這個－273°C乃最低溫度的觀念。經過更仔細地測量，這絕對零度等於－273.15°C，或是華氏溫標上的－459.69°F。更有趣的是，有證據顯示，即使到達了絕對零度，原子仍然會保有一丁點兒動能，我們稱之為「零點能」。譬如氦在絕對零度下，仍然具有足夠的運動量，保持它不至於凝固。其中道理，跟量子理論有關，我們在此略過不談。

絕對零度，亦即凱氏或熱力學溫標上的零度，寫下來是0 K（即「零凱耳文」的簡寫）。凱氏跟攝氏溫標不同之處，乃熱力學溫標上沒有負值，然而凱氏溫標上每一度的間隔大小，跟攝氏溫標的度一模一樣，凱氏溫標上的讀數總比攝氏溫標的大273，所以冰在0°C或273 K熔化，而水在100°C或373 K沸騰。凱氏溫標的命名，是為了紀念英國物理學家凱耳文爵士（Lord Kelvin），因為他最先創造出熱力學這個詞，也是他最早提出這樣子的溫標觀念。

? Question

1. 請問1°C和1 K的溫差，哪個較大些？
2. 有塊鐵，溫度是0°C。另有一塊完全同樣的鐵，是前塊鐵的兩倍熱（絕對溫度的兩倍），那麼它的溫度應該是攝氏幾度？

Ⓐ Answer

1. 其實，兩個是一樣的！

2. 兩倍熱的鐵是 273 ℃。因爲 0 ℃ 的那塊鐵，絕對溫度是 273
   K，其兩倍是 546 K。要換算成攝氏，減去 273 ℃ 就對了！你
   知道爲什麼嗎？

24.2　熱力學第一定律

　　十八世紀的人們，以爲熱是一種看不見的流體，它會從熱的物
體上流向冷的物體，而把它稱爲「熱質」。人們並且注意到，熱質在
各種交互作用的前後，具有守恆或不滅的性質，這項發現後來經過
延伸，最後成了能量守恆定律。到了 1840 年代，人們逐漸了解，熱
的流動，只是能量本身流動的現象而已。因而早期的熱質理論，才
漸漸被人們放棄。（爲什麼沒有即刻放棄呢？要知道，歷史上任何
曾經流行一時的觀念，一旦證明錯誤之後，絕少會即刻被人揚棄，
原因是人們特別喜愛沈迷在代表他們以往生活時代的老觀念裡。因
此，時代巨輪要能繼續往前，多半得靠年輕人勇於開創發明，並接
受新觀念。）如今，我們把熱看作是能量的一種形式，而能量既不
能從無生有，也不能從有變無。

　　當能量守恆或能量不滅定律應用到熱系統上，我們稱之爲「熱
力學第一定律」，我們通常以下述方式闡釋之：

　　一旦熱被加諸於某系統，它會轉換成其他形式的等量能量。

　　所謂「系統」，是指我們所面對的任何一群原子、分子、粒子，

或物體。系統可以是蒸汽機內的蒸汽、整個地球的大氣層或是生物的軀幹。最重要的一件事，是必須釐清什麼是包括在系統之內，什麼是在系統外。如果我們把熱能加進蒸汽機的蒸汽內、地球的大氣層內或是生物的軀幹內，這些系統能夠對系統外的東西做些功。加進系統內的能量，可以做、也只能做以下兩件事：（1）如果它留在系統內，就會增加系統的內能，以及（2）如果它又離開系統，則會對外做功。所以熱力學第一定律，有個比較狹義的說法是：

所加之熱＝內能增加＋系統對外所做之功

　　讓咱們假設，你放了一個充滿空氣的密封罐頭在爐火上加熱。（警告：這非常危險！別真的去這麼做。）由於罐頭的容積固定，沒有任何東西移動位置，也就沒有做任何功。所有加進罐頭的熱量，全被用在增加罐頭裡空氣的內能，使它溫度上升。這個說法應該沒錯，因為如果把熱加給未對外做功的系統，則所加的熱，當然會等於系統增加的內能。然而如果這系統對外做了功，則內能的增加就會少一些。譬如說，如果這罐頭裝上一個活塞，於是裡面加了熱的空氣可以膨脹起來，把活塞向外推，因而做了功。如此一來，你該能明瞭，做了功的空氣的溫度，比起沒功可做的罐頭裡空氣的溫度，會較低些。而這就是熱力學第一定律所要解釋的現象。

　　好了，我們現在已經了解，把一定熱量加進蒸汽機後，其中一部分熱，增加了蒸汽的內能，其餘的則被轉換成了機械功。也就是說，熱量輸入，等於內能之增加，加上輸出的功。所以，熱力學第一定律，不過是能量守恆定律的熱學版本。

　　加熱並非是增進系統內能的唯一方法。如果我們把第一定律中「所加之熱」，訂定為零，則我們發現內能的改變，一定等於對這系

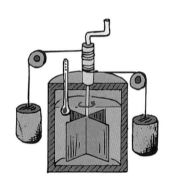

▲圖24.2
最早用來比較熱能跟機械能的槳輪儀。當兩邊的砝碼因重力而下墜，它們喪失掉的位能會使得水溫上升。這套裝置最早由焦耳（James Joule, 1818-1889）設計示範，而該裝置也就因此以他之名命名。

統所做的功,或等於由這系統所做的功。

$$\triangle 熱量 = \triangle 內能 + 功$$

$$0 = \triangle 內能 + 功$$

亦即 $-功 = \triangle 內能$ (別管正負,數值一樣)

如果對這系統做了功,譬如壓縮它的體積,則系統內能會增加,於是即使沒有熱量輸入,也能使系統的溫度上升。反過來說,如果那個功,是由該系統所做,譬如它膨脹起來,把周圍的東西向外推,則系統內能會減低,在四周無熱可供抽取的情況下,系統會冷卻下來。

想想看,當我們給腳踏車打氣時,不斷地用手快抽猛壓打氣筒的把手,不消一會兒,打氣筒就變得很熱,為什麼?因為我們把機械功輸入了這個系統,提高了它的內能。如果這個過程發生得非常快,壓縮的時候,沒有多少熱來得及藉傳導方式逃離,則幾乎所有輸入的功,都用在增加內能上,就明顯地提升了它的溫度。

物理 DIY

手掌也能做功

雙手合掌,快速地用力互搓,你可說是正在對你手心皮膚做功。那麼你所做的功,對你手掌的溫度產生了什麼樣效果?從這個簡單實驗裡,你該能體認到,功可以很容易地變換成熱能。但是你想想,熱是否也能同樣容易地轉換成為功呢?

Question

1. 如果我們把10焦耳能量，加到一個不做功的系統中，該系統的內能會因此增加多少？
2. 如果我們把10焦耳能量，加到一個對外做了4焦耳功的系統中，該系統的內能又會增加多少？

Answer

1. 10焦耳。
2. 6焦耳。從熱力學第一定律可得知：10焦耳 － 4焦耳 ＝ 6焦耳。

24.3　絕熱過程

▲圖24.3
打氣時，把打氣筒裡的活塞用力往下壓，壓縮了筒內空氣。這叫絕熱壓縮，結果使得被壓縮了的空氣，溫度上升。

　　氣體在被壓縮或膨脹過程中，若無熱量進入或離開該系統，我們稱此過程為「絕熱」過程。絕熱的英文字 adiabatic 源出希臘文，為「不得通過」之意。體積上的絕熱變化，可用加快過程的辦法來達到，讓熱量來不及進入或離開該系統（如使用手壓式打氣筒的例子），或者也可以把該系統跟周圍環境隔絕開來（用保麗龍之類的絕緣材料）。

　　有個常見的、幾乎是絕熱過程的例子，那就是在汽車發動機內，汽缸中氣體的壓縮跟膨脹（圖24.4）。每回壓縮或膨脹所用的時間，只有數百分之一秒，在這麼短暫的時間裡，幾乎沒有任何熱能來得及離開燃燒室，所以可算是絕熱過程。柴油發動機的汽缸，採用超高壓縮比率，因而藉著壓縮獲致的溫度，高到可以直接點燃汽

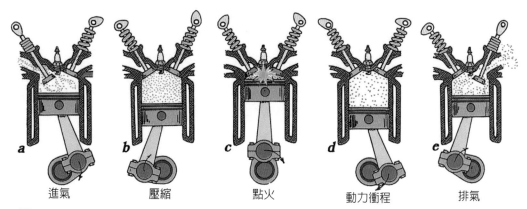

▲圖24.4

四衝程內燃機的週轉運作。(a) 活塞往下移，油氣混合物進入汽缸。(b) 活塞向上移，油氣混合物受到絕熱壓縮，幾乎沒有熱傳遞發生。(c) 火星塞觸發，點燃油氣，使後者溫度急速上升。(d) 動力衝程，發生絕熱膨脹，把活塞向下推。(e) 活塞向上移動，推動燃燒過的廢氣，經排氣閥釋放出去。週而復始。

缸內的油氣混合物，而無須借重火星塞點火，所以柴油發動機內沒有火星塞。

　　氣體經過絕熱壓縮後，它的內能因外界做功而增加，使得溫度上升。當氣體絕熱膨脹時，由於對周遭做了功，耗費一些內能，於是溫度下降。你可記得，在第22章裡有個物理DIY欄，叫你合攏嘴唇，只剩個小洞，然後向手上吹氣，目的是要吹出來的空氣，離嘴之後發生膨脹而冷卻（同樣的實驗，重現在圖24.5中），溫度降低了，手上的感受自然會涼快許多。張大嘴哈出來的氣，膨脹有限，故而溫度即使下降，也降得不多。

　　空氣溫度的改變，可以單方面借助添加或減除熱能，或者靠改變氣壓，也可以同時雙管齊下。加熱的方法有太陽輻射、長波地球輻射、透過濕氣凝結，或是直接跟發燙的地面接觸。減去熱量的方

▲圖24.5

先張大了嘴，對你的手哈氣。然後合攏嘴唇，剩下一個小孔再吹一次，你會發現，吹出的空氣經過絕熱膨脹，變涼了。

法則包括向太空輻射、雨水穿過乾燥空氣時的蒸發，或是跟冰冷的地面直接接觸等。

　　大氣層裡有許許多多的變化發生，過程的時間通常不長，僅只一天或數小時而已。而且過程內，熱量的增加或減少非常有限，以致於這些變化幾乎都算是絕熱過程。依照第一定律的絕熱情況形式，我們知道：

氣溫改變 ∝ 氣壓改變

　　大氣層裡發生的絕熱過程，牽涉到的空氣質量非常巨大，涵蓋範圍動輒達數公里，這種巨大質量的空氣，我們稱之為「氣團」。因為它們各自體積非常龐大，其中能接觸到外邊不同溫度或不同壓力的空氣而發生混合情形的，只局限在氣團周邊上薄薄一層，對於整個氣團中央成分的影響，可說微乎其微，因而氣團像是被裝進了一隻巨大、卻極輕的袋子裡，自成一體。當氣團順著山坡往上爬升，隨著高度漸增，受到的壓力遞減，它的體積當然逐步膨脹起來，引發自動冷卻效果。如此經由壓力降低而造成的溫度下跌，根據實地測量顯示，乾燥空氣氣團的海拔高度每上升 1 公里，它的溫度就會隨著降低 10°C（見圖 24.6）。

　　空氣流動時迎面遇到高山，或是在雷雨、旋風中，高度會一下子提升數公里。那麼一個原先在地面上、25°C 的舒適乾空氣氣團，上升 6 公里之後，它的溫度會降低成嚴酷的 -35°C。另一方面，原在地面上方 6 公里高的空氣，一般是 -20°C 左右，如果那兒的空氣氣團陡然降落到地面上來，溫度會遽然升高，到達令人難以忍受的 40°C。

　　這種絕熱的加溫效果，顯著的例子有台灣南部夏天常出現的焚

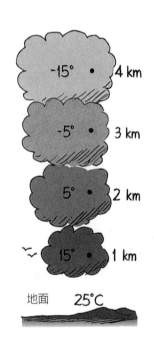

▲ 圖 24.6
乾空氣氣團的溫度，隨著高度每增加 1 公里，因絕熱膨脹而下降 10°C。

圖中標示：寒冷的潮濕空氣　加溫　冷卻　溫暖潮濕的空氣　欽諾克風（焚風）

風，以及北美洲的「欽諾克」（chinook），亦即由洛磯山脈吹向美中大平原的暖風。原本並不太熱的空氣順著山坡下降，被大氣壓縮，體積固然變小了，溫度也就大幅上揚。如此一來，住在欽諾克路徑上城鄉的人們，冬天不會覺得太冷；而台灣焚風一起，在山腳下首當其衝的台東或屏東，溫度會比附近海面高出好幾度來。

　　氣體因膨脹或收縮引起的溫度效果，蠻讓人吃驚的。還有一件有趣的事，當你乘坐飛機在高空飛行時，機艙外是 −35°C；機艙內卻很暖和，但可沒有開暖氣。原來，要把機艙外的空氣吸進來，壓縮成為與海平面壓力相若的機艙空氣，溫度會上升到炙熱的 55°C，所以壓縮後不但不需加熱，反而得用冷氣機降溫，把過多的熱抽走，才可以送入機艙內。

❓ Question

1. 如果一個空氣氣團原本溫度是 0°C，它沿著山坡往上爬，垂直高度升了 1 公里，絕熱膨脹之後，它的溫度會變成多少？若高度升了 5 公里，又會怎麼樣？

2. 假想有一個巨大的塑膠袋，裡面裝滿了－10℃空氣，
   像個氣球一樣懸浮在地面上6公里處，下面繫著一根
   線，假設你能在瞬間把它拽下到地面上來，它的溫度
   大概會變成多少？

🅐 Answer

1. 在高度1公里時，溫度是－10℃，高度到達5公里時，溫度
   會變成－50℃。
2. 如果它被拽下來的速度很快，熱傳導可略去不計，它被地面
   大氣絕熱壓縮之後，溫度會升到燙手的50℃。這就跟用打氣
   筒壓縮的空氣會變熱一樣。

24.4 熱力學第二定律

如果我們把冷、熱兩塊磚頭擺在一起，熱會從熱磚頭流向冷磚
頭，使得熱磚頭冷卻，冷磚頭變熱，直到兩者的溫度一致、到達熱
平衡時為止。在這過程當中，根據熱力學第一定律，沒有能量會因
而消失。假設那塊熱磚頭，能夠從冷磚頭處取得熱，變得更熱，但
只要在同一時間內，冷磚頭也能夠轉變為更冷，使得兩者熱量之和
一直不變，便不違反熱力學第一定律。不過如此卻違反了熱力學第
二定律。第二定律告訴了我們，自然過程中，熱有它一定的走向。
「熱力學第二定律」有許多種說法，其中最簡單明瞭的是：

　　　　　熱永遠不會自動從冷物體流向熱物體。

也就是說，熱走的是單行道，只由熱處往冷處流動。冬天裡，熱從裝有暖氣、溫暖的屋子裡，往室外冷空氣中流失。夏天正好相反，熱打從室外的熱空氣流向比較冷的室內。熱的自然流向如此，但是在有外力干預之下，熱也可以進行反方向流動，就像冬天裡利用熱唧筒加溫、或是夏天使用空調降低室內溫度一樣。讀者千萬要記住，在沒有外力干涉的情況下，熱只能從熱流向冷。

海洋裡蘊藏著巨大的內能或潛能，但是這麼多的能量，若沒有經過外力干預，就無法用來讓一個手電筒的小燈泡發光。道理非常簡單，因為能量不會自動從溫度較低的海洋，流向溫度較高的熾熱燈絲去。

▲圖 24.8
下大雨之前，天空中常見的雷雨雲，是由大量潮濕空氣上升，發生快速絕熱冷卻而形成的。它的能量來自空氣中水蒸汽的凝結與凝固。

24.5 熱機及第二定律

把功完全轉變成熱，是很容易的事。比如很快速地用力互搓雙手；或是在地板上推一個木箱等速前進，所有你用來克服摩擦力而做的功，全部都給轉換成了熱。但是相反的方向，要把熱完全轉變成為功，卻永不會發生，最多只能把熱的一部分轉變為機械功。最早用熱能做功的熱機，是公元 1700 年左右發明的蒸汽機。

所謂「熱機」，是指任何可把內能改變成機械功的器械。無論它是蒸汽機、內燃機，或是噴射發動機，一切熱機的基本理念，就是趁著熱從高溫流向低溫之際才可以獲得機械功。而所有的熱機，都只能把熱的一部分轉變成功。

討論熱機時，我們得提及所謂「熱庫」這個字眼，熱只會從高溫度的熱庫，流向低溫度的熱庫，每個熱機都會（1）從一個溫度較

高的熱庫中吸取熱量，以增加它的內能。（2）把這些熱量中的一部分，轉變為功。（3）然後把多餘的熱，排放到「熱壑」，即溫度較低的熱庫裡（見圖24.9）。以汽油引擎為例，（1）燃燒室內正在燃燒的燃料，就是高溫度的熱庫。（2）推動活塞就是所做的功。（3）多餘的能量隨後以熱的形式，混在廢氣裡排放了出去。

第二定律告訴我們，熱機不可能把熱輸入全部轉換成機械功輸出。能夠被轉換的，僅僅是其中一部分而已，其他剩下來的會被排放出去。第二定律運用在熱機上，可以這麼說：

> 熱機在 T_{hot} 跟 T_{cold} 兩個溫度之間運作時做功，所輸入在 T_{hot} 的熱量，僅只部分能夠被轉換為功，剩下的熱量，在 T_{cold} 下被排出。

所以熱機永遠少不了熱排氣，而有些熱排氣頗有價值，有些則否。若正值寒冬，洗衣店排放出來的滾燙蒸汽非常具有價值，同樣的蒸汽，若在炎炎夏日裡排放，則成了名副其實的燙手山芋。如果被排放的熱沒有什麼利用價值，我們就稱之為熱污染。

在知道有第二定律之前，人們原本以為，只要儘量把熱機內的摩擦力減小，它就可以把所輸入能量完全轉換成有用的功。但是事實並非如此，1824年，一位法國工程師卡諾（Sadi Carnot, 1796-1832）在仔細地分析了熱機的壓縮跟膨脹循環後，獲得一項基本發現。他指出，可以轉變成有用之功的所謂上層熱能，即使是處於理想情況下，仍受制於熱庫與熱壑之間的溫度差別，他創立了一個方程式，把熱機的理想效率又稱為「卡諾效率」，定義如下：

$$理想效率 = \frac{T_{hot} - T_{cold}}{T_{hot}}$$

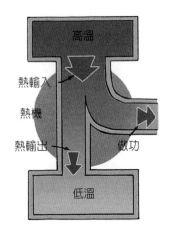

▲圖24.9
在任何熱機內，當熱能從高溫處流向低溫處之際，該能量之中有部分會被轉換為功輸出。（如果把功輸進熱機，則其中的熱流向會因而反轉，改從低溫處走往高溫。諸如電冰箱或空調。）

T_{hot}是熱庫或輸入的溫度，T_{cold}是熱壑或廢氣的溫度。而該方程式中的這兩個溫度，必須得用絕對溫標上所給的數值，也就是若干K。比方說，有個蒸汽渦輪的熱庫是400 K（127°C），而熱壑是300 K（27°C），則該渦輪機的理想效率應該是

$$\frac{400 - 300}{400} = \frac{1}{4}$$

這個數值意謂著，即使在「理想」狀況下，蒸汽的內能經過這個渦輪機處理後，只能有25%能夠轉變為功，另外的75%則被當成廢棄物給排放掉了。這是為什麼蒸汽機跟發電廠裡，蒸汽溫度都被設法大幅提高，因為用來推動馬達或渦輪發電機的蒸汽，溫度愈高，則生產動力或電力的效率就會愈高。譬如把上例中的運轉溫度，從400 K提高到600 K，則理想效率變成（600 － 300）／ 600 ＝ 1/2，效率增加成50%，是400 K時的兩倍。

我們可以在下一頁的圖24.10中看到，熱庫與熱壑之間的溫差在蒸汽渦輪機運轉中所扮演的角色。從鍋爐送過來的蒸汽，就是此系統的熱庫，而在蒸汽通過了渦輪機，到達排氣區時，就是此系統的熱壑。那剛出鍋爐的高溫蒸汽，不斷向面前的渦輪槳葉施加壓力並做功，那正是渦輪機設計的目標。但是蒸汽並非局限在槳葉前方，槳葉背後一樣也充滿著蒸汽，它同時對槳葉背面造成壓力，因而抵消掉一些正面蒸汽的做功效率，卻不是我們所企盼的。不過蒸汽到了槳葉背後時，壓力已經變小了，其中最重要的原因，是蒸汽在推動槳葉時把部分內能給了槳葉，本身因而冷卻下來。

在實際操作上，人們更常在渦輪機外面利用冷凝方法吸熱，進一步降低廢氣的溫度。即使在沒有什麼摩擦的情況下，渦輪機的淨功輸出，等於槳葉正面熱蒸汽所做之功與槳葉背面較冷蒸汽所做之

圖 24.10 ▶
簡單的蒸汽渦輪圖示。其中渦輪之所以會轉動，是因為從鍋爐裡剛產生出來的高溫蒸汽，加諸於渦輪葉片前面的壓力，比起早些產生、處於葉片背後、溫度較低的蒸汽對葉片背面所施壓力還大。假設兩者之間沒有壓力差，渦輪機壓根兒不會轉動，當然也就不可能把能量輸送給連接在渦輪機外、諸如發電機之類的負載了。那些存在於葉片背後的蒸汽壓力，即使在完全沒有摩擦力的情況下，也會使得熱機無法百分之百有效。

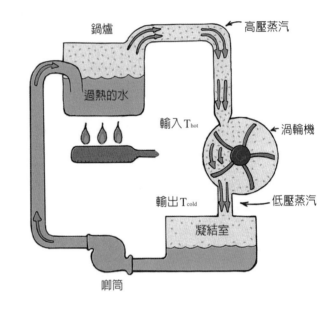

功，兩者中間的差。我們也知道，體積固定了的蒸汽，它的溫度跟壓力是彼此密切互動的，一旦提高溫度，壓力隨即增大，降低溫度，壓力隨即變小。所以上面所說，直接影響熱機效率的壓力差，也就同樣取決於熱庫與熱壑之間的溫度差。如是溫度差愈大，該熱機的效率便愈高。

　　卡諾的方程式，定出了所有熱機理想效率的上限。舉凡裝置在汽車、核能船艦或是噴射飛機中的任何種類熱機，操作溫度愈是高過排氣溫度的，熱機理想效率就會愈高。而在實際情況下，凡是機器，就永遠會有去除不掉的摩擦，以致於真實效率永遠會比理想狀況下差了一些。譬如說，汽車引擎的理想效率，應比 50% 還稍高一些，但實際運作的效率卻只能達到 25%。雖然理論上，引擎的運轉

溫度（與熱壑溫度相比）愈高，效率就愈高。但是引擎材料的熔點，限制了它運轉溫度的上限，所以如今瓶頸是材質，將來只要材料上有突破的進展，效率更高的引擎便會問世。期待陶瓷引擎吧！

許多器械在效率上會打折扣，唯一的因素就是摩擦。但這卻非熱機的主要問題，熱機問題牽涉到的一項最重要理念，即是熱力學第二定律。也就是說，問題源自原本就只有一部分的熱可以被轉變爲功。跟機器內有無摩擦存在，全然無關。

❓ Question

1. 假設有個引擎，它的熱庫跟熱壑的溫度相同，比方說同爲 400 K，那麼它的理想效率會是若干？
2. 假設有個引擎，它的熱庫溫度是 400 K，而熱壑是絕對零度，那麼它的理想效率會是若干？

工藝中的物理

陶瓷學

早在數千年前，人類便懂得把黏土烘烤成陶瓷器。而所有陶瓷物品，質地都特別脆弱易碎，不太能承受衝擊。不過現代工藝家已逐步研製出一些成品，性質較金屬更硬、更輕、更不易變形，且更耐熱及耐腐蝕。一旦陶瓷脆性弱點得以解決，如今汽車裡的金屬引擎，即將成爲過眼雲煙。陶瓷引擎可在鐵的熔點溫度以上運轉，因而大幅增加它的卡諾效率，並且可以省下散熱器浪費掉的熱量。你可得注意陶瓷引擎的消息，說不定這幾年內就會問世。

Answer

1. 零效率。（400 − 400）／400 ＝ 0，這意謂任何種類熱機，如果其熱庫跟熱壑之間沒有溫度差，則絕不可能有功輸出。

2. （400 − 0）／400 ＝ 1，即 100% 效率。此乃唯一有可能達成 100% 效率的理想情況。

24.6 秩序勢必趨向混亂

　　熱力學第一定律是說，能量既不可以被創造出來，也永不會被消毀掉。第二定律則加上，能量只要一旦發生形式上的轉換，其中的一部分就會縮退成廢棄物；這些廢棄掉的能量，一經漏失，即不可再用。此現象的另一個說法是，有序的能量（集中了的，因而是可利用之能量）縮退成散漫的能量（不可用之能量）。例如，汽油裡的能量，是有序且可用的。當汽油在汽車引擎裡燃燒，它放出的能量一部分藉推動活塞做了些有用的功，一部分傳給了引擎和周遭環境，使它們溫度上升，還有一部分隨著廢氣被排放出去。原本有用的能量，一旦縮退成不再可用的形式後，就不能拿來做同樣的功，就好像汽車所排放的廢氣，不能用來推動另一部汽車一樣。

　　傳送到居家與辦公處所的電力，是種有序的能量形式，經過電燈泡後縮退成為熱能。這在四季溫和的地區，成為許多大型辦公建築用來保暖的主要熱源。所有經過電燈的電力，甚至一開始會以光的形式短暫存在的部分，最後全都轉換成了熱能，用來保持建築內部溫度（這也就是大樓裡燈光，日夜都開著的緣故）。不過這些熱屬

▲圖 24.11
試試在粗糙的地面上，推著一口沈重木箱前進。你所做的功，全變成了熱，分散到地面和木箱接觸面上。克服摩擦力所做的功，都蛻變成散漫無組織的能量了。

於已縮退形式，保暖之外，難以再做其他事情。除了另加外在能量
把它重組，整棟大樓的熱量，加起來也無法再點亮一盞燈泡了！

從此我們了解到一個自然傾向，那就是能量每回轉型，品質都
會降低。原先是有序形式的能量，變成了散漫的、無序的形式。廣
義來說，第二定律可改寫成：

自然系統的發展，趨向更雜亂的狀態。

讓咱們假想一個不大可能的情況：把一長串、排列得整整齊齊
的氣體分子，注射到一個蓋上蓋子的空瓶子裡面，叫它們按秩序排
列好。這樣匪夷所思的假想即使能夠辦到，這個秩序也不會持久，
由於其中分子各有不同的位移方向跟速度，很快便混亂起來，變成
一團沒有秩序、卻比較常見的情況。所以說秩序勢必趨向混亂。如
果我們此時打開瓶子的蓋子，瓶子裡的氣體分子就會逃逸到房間
中，變得更加缺乏秩序。

你根本不必企望會發生相反的情況，也就是說，已經逃出瓶子
的氣體分子，不可能乖乖地自動排隊回到瓶子裡面，回復到比較有
序的狀況下。這是因為分子在亂動時，它的動作可能方式有無限多
個，而要回復到原先的秩序，卻只有有限方式，有限數在無限數裡
的機率，實際上就是零，所以在雜亂無章的情況下，幾乎永遠不會
自動變得更有秩序。

不過凌亂無序的能量，倒是可以被改變成有秩序的能量，但是
得另外花費一些重組的功夫，亦即需要從外輸入功。譬如說，我們
可以用一台壓縮機做功，把散布在大範圍裡的空氣壓進一個小範圍
裡，由而增加了它的有序度。如果沒有外加功的輸入，有序度就不
會增高。

▲圖24.12
氣體分子會從瓶子裡逸散到瓶子
外的空氣中，而不會反過來從空
氣中，自動跑回瓶子裡。

經過無限放大之後，熱力學第二定律又告訴我們，整個宇宙可看成單個獨立系統，由於沒有外能參與，其間的一切只會隨著時間的消逝而愈來愈亂。

24.7 熵

有序能量會轉變成無序能量，由這個自然趨向之觀察加以具體化後，得到的概念就是「熵」。熵可以用一個數學等式來表示，此等式是說，在理想熱力學系統內，熵的增加 ΔS，恆等於系統內熱量的增加 ΔQ 除以系統內的溫度 T。亦即 $\Delta S = \Delta Q／T$。

熵是該系統混亂程度的計量指標，混亂程度增高，熵就增加。所以第二定律也可演繹成：長時間的自然過程中，熵永遠是在不斷地增長。從瓶子內逃逸出去的氣體分子，是從比較有序的狀態改變爲較混亂的狀態。組織周全的結構，時間一久，會漸漸變得雜亂無章。好好的東西，自己會逐漸分崩離析。只要讓物質系統自由地分派自己的能量，系統內的變化趨勢永遠是朝著熵升高的方向進行，而系統中可用來做功的能量，會愈來愈少。

在物質系統中，熵通常都在自動增加。但是如果有功輸入，就像生物體內，熵會減低。一切生物，包括細菌、樹，到人類，都從它們的周遭環境中提取能量，並且用它來增強它們本身的有機組織。這種生命形態的秩序，卻依靠著其他方面熵的增加來維繫。所以雖然單獨看生物體內，熵在降低，但若跟它製造出的廢棄物一起來算，則總共熵的淨值，仍然是在不斷增加。活著的系統，必須繼續從外獲取能量才能維持生命。一旦停止提取，生物就會很快死

◀圖24.13
這家建築包商用的標誌是「增加
熵就是咱們的工作」，為何看來
這麼切貼？

亡，然後又回到分解、混合之途。

有件軼事，趁此順便與讀者分享。熱力學第二定律被提出後，立刻成為熱門的科學話題，美國名作家愛默生（Ralph Waldo Emerson, 1803-1882）則從哲學角度對此發表評論，他說並非每件事物都一定得隨著時間愈變愈亂。以人的思維為例，他認為有史以來，經過世代傳承，人們對世間一切事物性質的認知，反倒是愈來愈透徹細緻、愈來愈有組織。所以人的思維是朝更有秩序的方向演進的。

熱力學第一定律是個自然界中無所不包的通用律，完全沒有例外。但是第二定律則只是個機率的表述。只要等候的時間夠長，再怎麼不可能發生的情況，還是有機會出現。直接說來，熵確實有可能在一些情況下自然降低。譬如在房裡一角亂動的空氣分子，可能在某一瞬間剛好排列得整整齊齊；就像我們把大把一元硬幣撒地

熱力學及熱污染

　　雖然現代發電廠看起來既龐大又複雜，其實基礎原理跟簡單的熱機沒啥兩樣。發電廠先從燃燒中的煤、油、瓦斯，或從原子核裂變取得熱，再由熱以推動發電機的方式做功。在這一連串過程中，由於第二定律的必然結果，一定會跟著產生廢棄熱，這種廢棄熱有時被稱為「熱污染」，因為它跟化學廢棄物相似，會污染環境。

　　被排放到河川裡的廢棄熱，必然會提高當地水域的溫度，有時足以殺死水中生物，妨害整個生態系統。廢棄熱若是被排放到空氣中，則會影響甚至改變一個地區的氣候。不同於化學污染的地方是，化學污染可用多種不同的方法去減少或消除，而處理熱污染的方法，就只一個，就是設法讓它擴散開來，由廣大面積來吸收，免得局部環境溫度增高得太過顯著。

　　不管我們怎麼去試，結果只會一而再地證明，第二定律告訴我們的遊戲規則不會錯，在生產可利用的能源時，無論多小心，對環境的衝擊不可能減至零。因此節省能源及提高效率，對將來地球是否能繼續正常運作，有決定性影響。

上，而全數硬幣剛好都是人頭朝上。這樣的情況，不是完全不可能發生，而是發生的機率太小。第二定律所告訴我們的，是事情發展最有可能的趨向，而不是唯一的選擇。

　　有人拿熱力學定律開玩笑，他說你不但贏不了（因為從任何系

統內，你絕對無法取出比你放進去更多的能量），也別想保本（因為你所能取出的能量，只會比你放進去的少），還不能不賭下去（宇宙間的熵一直增加，由不得你來叫停）！

■■ 觀念一把抓

觀念摘要

熱力學是研究熱與功的一門學問。

◆ 絕對零度是物質所能夠具有的最低溫度。在此溫度下,一切物質分子具有最少的動能。

熱力學第一定律:對系統所加之熱,恆等於內能增加與系統對外所做之功的和。這只是把能量守恆定律,專門應用到熱上面的一個狹義說法。

◆ 絕熱過程,通常跟體積的膨脹和收縮有關。在此種過程中,沒有熱加入或離開系統。

熱力學第二定律:熱不會自動從冷的物體流向熱的物體。沒有任何機器能夠把能量完全轉換成功,因為總會有一些輸入能量變成熱之後散逸掉。世間所有系統,都趨向著隨著時間消逝,而變得愈來愈混亂無序。

熵是是系統混亂程度的計量指標,凡是能量自由地從一種形式轉變成另一種形式時,它總是朝向更混亂的狀態進行,亦即獨立系統的熵,一直在增加之中。

重要名詞解釋

熱力學　thermodynamics　研究熱以及將熱能轉變成機械能的科學。
（24.0）

絕對零度　absolute zero　任何物質中每一粒子皆無動能（即熱能）
可傳時的溫度，也就是 $-273\,°C$。（24.1）

熱力學第一定律　first law of thermodynamics　一個系統中所加入的
熱能，會轉變成等量的別種形式的能；這是能量不滅定律的另一種
方式。（24.2）

絕熱的　adiabatic　形容氣體在膨脹或壓縮時，完全不自外取得或向
外損失熱能。（24.3）

熱力學第二定律　second law of thermodynamics　熱能絕不會自動從
一件物體流往溫度較高的另一物體。（24.4）

卡諾效率　Carnot efficiency　熱機中可將輸入能量轉變為功的理想
最大百分比。（24.5）

熱機　heat engine　將內能改變成機械能的器具。（24.5）

熵　entropy　衡量系統混亂程度的方法。（24.7）

借題複習

1.「熱力學」這個詞，源自希臘文字，它的原本意義是什麼？
　（24.0）

2. 熱力學這門學問，主要涉及的是微觀的抑或是巨觀的反應過程？
　（24.0）

3. 什麼是攝氏溫標上的最低可能溫度？在凱氏溫標上又如何？

（24.1）

4. 冰熔化的溫度是多少 K ？水的沸點又是多少？（24.1）

5. 能量守恆定律跟熱力學第一定律之間，有啥關係？（24.2）

6. 當對系統做功時，該系統的內能會如何？它的溫度又會如何變化？（24.2）

7. 加給系統的熱，跟系統的內能以及它對外做功之間，有啥關係？（24.2）

8. 如果對系統做功，那系統的內能會增加呢，還是減少？如果功是由該系統來做，則系統的內能會增加抑或是減少？（24.2）

9. 絕熱過程必須具備什麼樣的條件？（24.3）

10. 當空氣被絕熱壓縮時，它的溫度會起什麼變化？絕熱膨脹時又如何？（24.3）

11. 一般說來，上升空氣的溫度會如何變化？（24.3）

12. 一般說來，下降空氣的溫度又會如何變化？（24.3）

13. 熱力學第二定律跟熱流動的方向有啥關係？（24.4）

14. 每一個熱機上都會發生的三個程序是什麼？（24.5）

15. 什麼是熱污染？（24.5）

16. 如果熱機的摩擦力可以完全去除，它的效率就會變成 100% 嗎？試解釋之。（24.5）

17. 一個熱機，運轉時的熱庫溫度是 500 K，而熱壑溫度是 300 K，它的理想效率該多少？（24.5）

18. 為什麼我們儘量要讓熱機在高溫中運轉？（24.5）

19. 舉出至少兩個例子，來說明有序能量，跟無序能量之間的差別？（24.6）

20. 流過一個普通電燈泡的電力中，有多少轉變成了熱能？（24.6）

21. 關於有序及無序狀況，自然系統的趨向會是怎樣？一個混亂無序的狀況，能夠變化成有序的狀況嗎？試解釋之。（24.6）

22. 物理學家用什麼名詞來當雜亂程度的量計指標？（24.7）

23. 在什麼情況下，系統內的熵會往下降？（24.7）

24. 熱力學第二定律跟熵之間，有啥關係？（24.7）

25. 從有無例外發生的這個觀點來作比較，熱力學的第一跟第二定律之間，有什麼顯著的差異？（24.7）

想清楚，說明白

1. 有位老兄說，某一火爐裡面的溫度是600，而某某星球裡面的溫度，則高達600,000，只不清楚他指的是凱氏溫標呢，還是攝氏度數。請問這兩種溫標值之間，到底有多少差距？

2. 當你用腳踏車氣筒給車胎打氣，氣筒的筒身會逐漸變熱，為何如此？請舉出兩項理由來。

3. 是否有可能，把一定量的熱完全轉換成機械能？又是否有可能，把一定量的機械能完全轉換成熱？試舉出一些例子來，以說明你的回答。

4. 我們知道，暖空氣會往上升。所以看起來好像是，山頂上的空氣溫度應該比山腳下的高，但事實上，絕大多數的情形是恰恰相反，為什麼？

5. 如果我們把汽車的消音器拆下來，這對汽車引擎的效率是有幫助、有害、還是毫無影響？又在極冷的天氣裡開車，對汽車引擎效率的影響又如何？據理說明你給的答案。

6. 在一個裝滿冷水的大水缸裡，所有水分子的動能加起來比起一杯

熱茶裡面的分子動能總和要多些。假設你把這個熱茶杯部分浸入水缸中，該熱茶從冷水裡吸收 10 焦耳的能量，因而變得更熱，同時容器裡的冷水因失去 10 焦耳的能量而變得更冷。這樣子的能量傳遞假設，是否違反了熱力學第一定律？還是違反了熱力學第二定律？試加解釋。

7. 在內燃機裡面，把燃油跟空氣混合起來後，點火快速燃燒，推動汽缸內的活塞，然後達到驅動車輛的目的。在噴射機引擎裡面，同樣也是讓燃油跟空氣的混合物快速燃燒，但是它不推動活塞，而直接推動飛機機身。你認為這兩種方法哪一種效率會比較高些？

8. 有人想把廚房裡弄得涼快一些，他把冰箱門敞開，並將廚房的門窗關了起來。結果廚房溫度會怎樣？為什麼？

9. 在一棟正使用電熱器保暖的建築物裡，讓全部燈光都亮著是否會造成浪費？又在一棟正在使用空調降溫的建築物裡，把全部電燈都打開是否浪費？說明你的回答。

10. 把水放進冰箱的冷凍庫內，在水逐漸凝固的過程中，分子的混亂程度會變得較低。這是否熵原理的例外？試加以解釋。

沙盤推演

1. 一個熱機在 800 K 獲取能量，之後把熱排除到 300 K 的熱壑內，試計算該熱機的理想效率。

2. 一艘船的鍋爐產生溫度為 530 K 的蒸汽，推動一部蒸汽渦輪之後，蒸汽排放到冷凝器中，該冷凝器係用海水循環系統冷卻，溫度維持在 290 K。試計算該蒸汽渦輪之理想效率。

3. 有一部蒸汽渦輪，其熱庫為112°C的高壓蒸汽，而其熱壑溫度為27°C，試計算該蒸汽渦輪之理想效率。

4. 有一部熱機，利用海洋裡的溫差來運作做功，它的熱源（靠近表面的海水）溫度為293 K，而熱壑（較深處的海水）溫度為283 K，試計算該熱機之理想效率。

實戰演練

1. 氦元素有一項特殊性質，那就是它的內能與它的絕對溫度之間，直接呈正比。設想有瓶氦，溫度本是10°C，如果我們把它加熱，使得它裡面的內能，增加成原先的兩倍，那麼它的溫度會是多少？

2. 有部熱機，從一個800 K的熱源處取得100 千焦耳的能量，然後把50千焦耳排放到一個300 K的熱壑裡。試分別計算出，該引擎的理想跟實際效率值。

3. 有兩部熱機，一部是在600 K與400 K之間運轉，而另一部則是在500 K與400 K之間運轉，請問哪一部的理想效率比較高些？並解釋你的答案如何證明：運轉溫度愈高，效率亦會隨著愈高。

4. 在地面上方約10公里處有個氣球般飄著的巨大塑膠袋，裡面充滿了－35°C的空氣，塑膠袋下面繫上一根細繩子。如果此時你能夠在瞬間把它拽到地面上來，請估計一下，它的溫度會變成多少？

圖片來源

本書卡通插畫，皆由作者休伊特（Paul Hewitt）所繪。

取自英文原著照片，作者提供：
　　17.1, 20.8, 24.3

取自英文原著附圖：
　　17.3：Dr. Mitsuo Ohtsui（SPL/Photo Researchers）提供

中文版附圖，購自富爾特影像圖庫：
　　18.11, 22.13, 23.1, 24.8

閱讀筆記

閱讀筆記

閱讀筆記

閱讀筆記

閱讀筆記

閱讀筆記

閱讀筆記

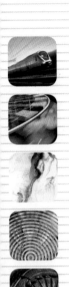

閱讀筆記

國家圖書館出版品預行編目(CIP)資料

觀念物理3 : 物質三態‧熱學 / 休伊特(Paul G. Hewitt)著 ; 師明睿
譯. --第三版. -- 臺北市 : 遠見天下文化, 2018.06
　　面 ；　公分. -- (科學天地 ; 210)
譯自 : Conceptual Physics: the high school physics program
ISBN 978-986-479-508-6 (平裝)

1.物理學　2.教學法　3.中等教育

524.36　　　　　　　　　　　　　　　　　　107009878

科學天地210

觀念物理 3
物質三態・熱學
CONCEPTUAL PHYSICS

The High School Physics Program

原著／休伊特（Paul G. Hewitt）
譯者／師明睿
科學天地顧問群／林和、牟中原、李國偉、周成功

總編輯／吳佩穎
編輯顧問／林榮崧
責任編輯／張孟媛
封面設計／江儀玲
美術編輯／江儀玲、邱意惠

出版者／遠見天下文化出版股份有限公司
創辦人／高希均、王力行
遠見・天下文化 事業群榮譽董事長／高希均
遠見・天下文化 事業群董事長／王力行
天下文化社長／林天來
國際事務開發部兼版權中心總監／潘欣
法律顧問／理律法律事務所陳長文律師
著作權顧問／魏啟翔律師
社址／台北市104松江路93巷1號2樓
讀者服務專線／（02）2662-0012
傳真／（02）2662-0007 2662-0009
電子信箱／cwpc@cwgv.com.tw
直接郵撥帳號／1326703-6號 天下遠見出版股份有限公司

電腦排版／東豪印刷事業有限公司
製版廠／東豪印刷事業有限公司
印刷廠／鴻源彩藝印刷有限公司
裝訂廠／聿成裝訂股份有限公司
登記證／局版台業字第2517號
總經銷／大和書報圖書股份有限公司　電話／（02）8990-2588
出版日期／2001年6月30日第一版第1次印行
　　　　　2023年12月6日第三版第7次印行

定價500元　書號BWS210　ISBN：978-986-479-508-6
天下文化官網 bookzone.cwgv.com.tw

本書如有缺頁、破損、裝訂錯誤，請寄回本公司調換。
本書謹代表作者言論，不代表本社立場。